LES

FRANCS-MAÇONS

DANS

L'ENSEIGNEMENT

4.400 noms tirés du Répertoire Maçonnique
et des archives de l'Association antimaçonnique de France

PARIS

BUREAUX DE L'ASSOCIATION ANTIMAÇONNIQUE DE FRANCE

42, Rue de Grenelle (VIIᵉ Arrᵗ)

1912

ASSOCIATION
Antimaçonnique de France
Constituée et déclarée conformément à la loi du 1er Juillet 1901.

Bureau du Comité Directeur :

Président : Général Vicomte DE KERDREL, sénateur.

Vice-Présidents : { Colonel Comte DE RAMEL..
ALPY, conseiller municipal de Paris, conseiller
général de la Seine.

Secrétaire général : J. TOURMENTIN, publiciste.

Secrétaire-Trésorier : Bᵒⁿ J. DE LA HOUGUE, docteur en droit.

EXTRAITS des STATUTS
déposés à la Préfecture de Police le 17 Février 1904

ART. 2. — L'*Association Antimaçonnique de France* a
pour but d'étudier et de faire connaître, par la propagande
écrite et parlée, l'influence philosophique, sociale et politique
de la Franc-Maçonnerie et autres Sociétés secrètes.

ART. 4. — L'*Association Antimaçonnique de France*
comprend :

Des **Membres sociétaires,** qui versent à l'Association
une cotisation annuelle de 25 francs. Cette cotisation peut être
rachetée par le versement unique d'une somme de 250 francs

Des **Membres adhérents** qui versent une cotisation
annuelle de 6 francs *au minimum*.

NOTA. — **Les Dames peuvent faire partie de
l'Association** .

Les noms des membres *sociétaires* **ou** *adhérents*
ne sont pas publiés.

Tous les membres reçoivent gratuitement *La
Franc-Maçonnerie démasquée,* **organe de l'Association.**

LES FRANCS-MAÇONS

DANS

L'ENSEIGNEMENT
(Répertoire)

PRÉFACE

A l'heure actuelle, la question de l'enseignement est une de celles qui préoccupent le plus, à juste titre, les pères de famille de France.

Mais cette question n'est pas seulement une question de programmes, de méthodes, de livres. Elle se lie intimement à une question de personnes.

En effet, tant vaut le maître tant vaut l'enseignement.

Dans une tenue de la L.·. *La Parfaite Union*, à Valenciennes, en 1887, un F.·. le proclamait hautement :

« La neutralité est une chimère, quelque chose d'analogue à la quadrature du cercle ou à la pierre philosophale. Il est bien évident qu'à moins de créer un automate à la Vaucanson, qu'on décorera du nom d'instituteur, et qui, mû par une manivelle, dira aux enfants juste le nombre de mots renfermés dans son sein, nous nous trouverons toujours en présence d'un être de chair et d'os, d'âme et d'intelligence aussi, qui, malgré tous ses efforts, ne pourra faire autrement qu'inculquer aux écoliers ses propres idées et ses propres opinions. Est-ce qu'on peut enseigner un mot d'histoire sans prendre parti ? Est-ce que toutes choses ne peuvent pas être présentées de plusieurs façons ? Et le silence même n'est-il pas un avis donné ? Qui n'affirme pas doute ou nie. Cela est incontestable.

« L'école est donc ce qu'est l'instituteur (*Revue des Travaux de la Maçonnerie de la région du Nord*, 1886-1887, pp. 605-606). »

Aussi, depuis longtemps, la Franc-Maçonnerie a cherché à enrôler les instituteurs.

Dès 1879, le F.·. Francolin disait au Convent :

« Nous sommes l'avant-garde de l'éducation laïque et républicaine ; partout où il y a un enfant, partout où il y a une école, on rencontrera la main d'un Franc-Maçon, afin que cette parole devienne une vérité : la Maçonnerie et l'éducation sont une seule et même chose (Compte rendu, p. 337) ».

De même, au Congrès maçonnique du Havre en 1887 :

« La Commission est d'avis d'attirer dans nos Loges les instituteurs et professeurs pour substituer notre influence à l'influence
religieuse et préparer les générations futures à l'ère véritable du
progrès. (Compte rendu, p. 18.) »

Le vœu est adopté à l'unanimité, ainsi qu'un autre demandant
que le montant de la cotisation annuelle soit réduit au minimum
légal en faveur des F∴ appartenant au corps enseignant.

Trois ans plus tard, le F∴ Fiant, de l'Or∴ de Vernon, dans un
rapport au Congrès maçonnique de Trouville, s'exprimait ainsi :

« Il y a deux personnes qui pourraient fournir une grande
force à la Maçonnerie : l'instituteur et la femme. La République
a donné un vigoureux élan aux idées libérales en laïcisant
l'école. On a bien taillé la besogne, mais seulement il fallait
coudre, et ce dernier travail n'a pas été entrepris vigoureuse-
ment.

« Les lois scolaires ne sont pas appliquées assez sévèrement.
Ainsi, en province, les Commissions scolaires ne fonctionnent
pas ; l'enseignement des écoles normales n'est pas franchement
républicain ; l'instituteur hésite sur le choix du caractère à
donner à son enseignement ; il combat avec trop de mollesse et
de compromission les idées cléricales. C'est vers la jeunesse,
mes FF∴, qu'il faut tourner nos regards ; imprégnons-la pro-
fondément de nos principes et la partie ne sera gagnée que
lorsque l'instituteur attaquera de front l'ennemi, le cléri-
lisme.

« *On ne détruira l'Eglise que par l'Ecole* » (Compte rendu,
p. 18). »

Depuis, la Franc-Maçonnerie a réussi à recruter un grand
nombre d'instituteurs, suivant la recommandation du F∴ Crescent, membre du Conseil de l'Ordre du G∴ O∴, aux FF. . de la
L∴ de Thonon :

« Qu'ils pénètrent, disait-il, s'ils le peuvent, parmi les maîtres
de l'enseignement primaire; eux seuls, au milieu de ces popu-
lations rurales, peuvent, sans éveiller de dangereuses opposi-
tions, répandre, faire pénétrer nos idées et nos principes,
semence féconde entre leurs mains pour faire naître une géné-
ration nouvelle. (Compte rendu des travaux du G∴ O∴, sep-
tembre-décembre 1900, p. 54). »

On comprend, dès lors, comment tant d'instituteurs ont adopté des *Manuels* tellement imprégnés de l'esprit maçonnique que les évêques ont dû les interdire.

D'ailleurs, même avec un livre quelconque, quel mal peut faire un instituteur franc-maçon ! Le livre n'est qu'un instrument, mais qu'est-ce qu'un instrument à côté de l'homme qui le manie ? On peut, à la rigueur, atténuer la nocivité d'un livre mauvais par un enseignement oral qui comble les lacunes et corrige les erreurs, mais combien plus à craindre le travail inverse : l'instituteur commentant le *Manuel* vraiment neutre et le déformant par des insinuations perfides et des affirmations sectaires. Sans compter que, par un véritable abus, beaucoup de ces maîtres antireligieux exigent que les enfants laissent à l'école tous leurs cahiers, afin de soustraire aux regards des parents les témoignages écrits de leurs leçons et de leurs tendances.

Il est donc d'une importance capitale pour les parents, même quand aucun Manuel condamné n'est en usage dans l'école, de connaître l'esprit et les convictions de l'instituteur. Il est du devoir des Associations de Pères de famille de veiller à ce qu'il observe strictement la neutralité imposée par la loi.

Or, quand un instituteur est franc-maçon, on est en droit de suspecter sur ce point. Les documents qu'on vient de lire ne laissent place à aucun doute et son enseignement doit être l'objet d'une surveillance sans cesse en éveil. Il faut qu'on l'oblige à choisir entre l'accomplissement loyal de ses fonctions d'éducateur impartial des enfants confiés à ses soins et la réalisation des projets sectaires conçus dans la Loge.

Ce que nous disons des instituteurs doit s'appliquer à tout membre de l'enseignement, quel qu'il soit. Des parents, avant de confier leur enfant à un maître, ont le droit de savoir si ce maître ne fait pas partie de l'Association qui compte le F.˙. Thalamas et le F.˙. Hervé au nombre des siens, et qui honore le F.˙. Ferrer comme un de ses apôtres et de ses martyrs.

———

La liste que nous publions ici est extraite du *Répertoire maçonnique* et des archives de l'*Association antimaçonnique de*

France. C'est dire que pour chaque nom nous possédons le document maçonnique d'où il est tiré. Si cependant, comme il est possible dans un travail aussi considérable et aussi minutieux, il se trouvait quelque erreur due à une homonymie, et *que cette erreur nous fût prouvée*, nous n'hésiterions pas à publier la rectification dans la *Franc-Maçonnerie démasquée*, organe de l'*Association antimaçonnique*.

Mais il est une source d'inexactitudes inhérente à ce genre de publication : les documents qui établissent l'affiliation maçonnique d'un professeur d'enseignement secondaire ou d'un instituteur sont de différentes dates. Nous avons toujours indiqué l'année du document, mais nous n'avons pu toujours suivre la carrière et les déplacements de chacun. Par un second chiffre d'année, nous indiquons parfois la dernière résidence parvenue à notre connaissance. Nous demandons instamment à nos amis de nous aider, pour les éditions suivantes, à mettre le travail au point en nous renseignant, d'une manière utile et certaine, sur les déplacements survenus.

Un mot sur la classification adoptée. Les départements sont placés par ordre alphabétique, sauf pour Paris et la Seine qui ont été placés en tête. Un titre indique l'Académie à laquelle le département appartient. Les changements d'instituteurs ne se faisant généralement pas en dehors de l'Académie, nous avons mis en tête la liste des Académies et des départements de leur ressort.

L'ASSOCIATION ANTIMAÇONNIQUE DE FRANCE.

LES FRANCS-MAÇONS
DANS L'ENSEIGNEMENT

PARIS

ADLER (Joseph), pharmacien, préparateur à la Faculté de médecine en 1906.

ALADERN (d'), professeur au collège Chaptal, en 1910.

ALPHANDERY (Paul), chargé de conférences à l'Ecole pratique des Hautes-Etudes de la Sorbonne.

AMAN, ancien directeur de l'école Cempuis, d'une loge de Paris.

AMAN, directeur d'Ecole communale, 10, rue des Quatre-Fils, en 1910.

AMARET, professeur de musique, 132, rue Amelot.

AMAVET, professeur de piano, directeur de l'Institut Mozart, 14, rue des Couronnes, 1905.

AMELOT, professeur, 199, avenue de Choisy.

ANDRÉ, censeur des études aux Sourds-Muets, 1905.

ANGLÈS (Paul-Louis), répétiteur général au lycée Janson-de-Sailly, en 1897, 43, rue de Tocqueville.

ANJOU, instituteur, 3, impasse des Orteaux, en 1905.

ARENNES (Jean), professeur, 57, rue Fontaine-au-Roi, en 1904.

ARON, maître de conférences à la Faculté de droit, en 1905.

ASPLET (G.), professeur, 28, rue Caumartin.

AUBRIOT (Emile), instituteur, 37, boulevard Garibaldi, en 1907.

AUBRY (Eugène-Octave), instituteur, 60 *bis*, rue Dombasle, en 1908.

AUDIGIER, professeur, 80, rue de l'Amiral-Roussin, en 1907.

AULARD (M.), professeur à la Sorbonne.

AYMOND, instituteur public, 47, Chaussée d'Antin.

BACHELET (Alexandre-Edmond), inspecteur au collège Chaptal, 45, boulevard des Batignolles et 2, rue Bernouilli, en 1910.

BARBIER (Louis), professeur, 137, rue Michel-Bizot, en 1905.

BARR (Gustave), instituteur, 22, rue Château-Landon, en 1891.

BARRUE (Zéphir), directeur d'école communale à Paris, en 1891.

1

BASTIAN, professeur d'allemand, 116, boulevard Montparnasse, en 1905.

BASTIAN (René), professeur au collège Sainte-Barbe, 1, rue Cassini, en 1910.

BEAUSSAULT (Ange), maître auxiliaire au collège Chaptal, en 1904.

BEAUVAIS (Louis), instituteur, 2, rue de la Guadeloupe, en 1908.

BÉCHÉ, professeur au collège Chaptal, 94, rue Legendre, en 1910.

BEJAMBES (Paul), répétiteur, professeur agrégé, 92, avenue Philippe-Auguste, en 1905.

BERGET (Adrien), professeur au Lycée Voltaire, en 1906.

BERGET (Alphonse), professeur agrégé de l'Université, maître de conférences à la Sorbonne, professeur à l'Institut Oceanographique en 1906.

BERNARD, au Lycée Buffon.

BERNARD, professeur d'anglais, 3, rue Duguesclin, en 1899.

BERTENACHE (Victor), instituteur, 11, rue de l'Espérance, en 1891.

BERTHÉ (Louis), professeur, 65, rue du Cardinal-Lemoine, en 1905.

BERTIN, professeur, 38, rue Muller, en 1903.

BERTRAND (Charles), inspecteur primaire, 167, boulevard Péreire, en 1895.

BERTRAND (E.), professeur, 51, rue de Clichy.

BERTRAND (Etienne), directeur de l'enseignement primaire au ministère de l'instruction publique, en 1893.

BESCHOR, professeur d'anglais et d'allemand, traducteur assermenté près la Cour d'appel, 83 bis, rue Lafayette, en 1899.

BESSAC (Robert), instituteur, 46, rue Coquillière, en 1907.

BESSON (Marcel), chef d'institution, 14, rue de Crussol, en 1905.

BEUGHAT (Henri), conférencier à l'Ecole des Hautes-Etudes, en 1908.

BIGEARD (A.-F.), professeur de danse, 205, faubourg Saint-Denis.

BIGONNET (Georges), répétiteur licencié au lycée Carnot, 145, boulevard Malesherbes, en 1902.

BIGOT (Georges-Eugène), instituteur, 21, rue Vaneau, en 1904.

BILLARD (A.), professeur au Collège Chaptal, en 1910.

BINON, professeur à l'Institut national des Sourds-Muets, en 1906.

BLANIÉ, préparateur de physique au Lycée Carnot, en 1907.

BLOCH (Salomon), professeur de mathématiques, 1, rue Duban.

BLOND, instituteur à la Petite-Roquette, en 1907.

BLOT (Emile-Julie-Désiré), instituteur public, 6, rue de la Cerisaie, en 1905.

BOILAT (Jean), instituteur, 140, rue de Belleville, en 1889.

BOILET (Léon-Aimé), institu-tuteur, rue Félix-Pécaut, pré-cédemment : 154, boulevard Péreire.

BOIS, instituteur, 21, rue de Turin, en 1894.

BOISSIER (Ulysse), professeur au Collège Chaptal.

BOITEL (Julien), ancien direc-teur école Turgot, directeur de l'Ecole J.-B. Say, 11 bis, rue d'Auteuil, membre du Conseil supérieur de l'ins-truction publique.

BONIS (Henri), professeur de peinture, école des Beaux-Arts.

BONNEFOY, artiste peintre, pro-fesseur de dessin dans les écoles de la Ville de Paris, 5, avenue Daumesnil, en 1899.

BONNET (Art.), professeur de musique, 8, rue Caplat, en 1904.

BONYER, professeur, 130, ave-nue Parmentier.

BOUCHERIE, professeur, 83, rue des Martyrs, en 1907.

BOUCHERIE, directeur de l'école communale, 23, rue Cujas. en 1910.

BOUCHERON (Henri), profes-seur à l'Ecole Centrale, adjoint au maire du VIIe arrondisse-ment, 99, quai d'Orsay, en 1906.

BOUILLON (Voltaire), profes-seur d'anglais, 12, rue des Ursulines, en 1905.

BOUNIOL, professeur au lycée Janson-de-Sailly, 5, rue Eu-gène-Delacroix, en 1909.

BOURGINE (Adolphe), institu-teur primaire, rue Gay-Lus sac, en 1906.

BOURGUIGNON (Joseph-Jean), professeur, 7, rue Lobineau, en 1905.

BOUTIN (Auguste), professeur, 26, rue Lavieuville, en 1907.

BOUTIN (Alfred), professeur de violon, 29, rue Beaure-paire, en 1904.

BOUYER (Alphonse), profes-seur, 8, rue des Goncourt, en 1901.

BOUYER (A), répétiteur à l'école Turgot, 69, rue Turbigo, en 1910.

BRASSEAU, instituteur, 59, quai Valmy, en 1907.

BRUNET (A.), professeur ins-tituteur, 8, rue Auguste-Barbier.

BUREAU (Hippolyte), chef d'institution, 11, rue Pixéré-court, en 1887.

BURELLE, instituteur, 76 bis, rue Duhesme, en 1906.

CADET (A.), directeur du col-lège de Nouméa, 50, rue de Rivoli, en 1891.

CAMPAGNAC (Pierre-Edouard Lezin), maître répétiteur au lycée Henri IV, 24, rue de Fleurus, en 1908.

CANU (Ferdinand), instituteur, 19, rue Campagne-Première, en 1904.

CARIAGE (Adrien-Jacques-Charles), professeur de mu-sique, 22, boulevard Saint-Denis, en 1902.

CARNOT (Émile), instituteur public, 23, villa Lefebvre, en 1906.

CARON, instituteur, 21, avenue Gambetta, en 1896.

CARRÉ (Auguste), instituteur, 24, rue Fresnel, en 1906.

CARTAULT, instituteur, rue Saint-Charles, en 1894, puis 11, rue Lacordaire, en 1900.

CARTOUX, directeur d'école communale, 7, rue Jomard, en 1910.

CASANOVA (Joseph), professeur, rue Clavel, en 1901.

CASTÉRES, instituteur, 12, rue Victor-Massé, en 1906.

CATTIN, chef d'institution, 113, faubourg du Temple, en 1899.

CAVÉ (L.), instituteur, 63, rue Mozart, en 1906.

CELLERIER (Pierre-Alfred), études commerciales, 68, bd de Rochechouart, en 1905.

CELS, professeur au lycée Lakanal, 99, boulevard Arago, en 1897.

CHALAMET (Paul), instituteur, 39, rue J.-J.-Rousseau, en 1909.

CHAMPION (Joseph-Pierre-René), répétiteur au Lycée Michelet, 34, rue Ramey, en 1910.

CHANOINE, instituteur, rue Monte-Cristo, en 1904.

CHANTRENNE (Léon-Rémy), P.·., instituteur, 52, rue de Sambre-et-Meuse, en 1909.

CHASSAGNY (Michel), professeur, 1, rue Duban.

CHAUMAT (Henri), professeur de physique, 47, rue Blomet, en 1907.

CHAUMETON, professeur, 15, rue Lacépède.

CHAUVELON (Emile), professeur Lycée Buffon, 63, rue Claude-Bernard (5'), en 1910.

CHAUVET, artiste peintre, professeur de dessin, 5, rue Baillon, en 1905.

CHAVIGNER (Louis), instituteur, rue de Moussy, en 1908.

CHEVALIER, instituteur, 4, villa Michon, en 1906.

CHEVALLIER, répétiteur à J.-B.-Say, en 1910.

CHICQUARD (Gaston), instituteur, 36, rue de Malte.

CHIFFMANN, P.·. professeur chimiste, 10, rue de l'Arrivée, en 1908.

CHRISTMANN (Paul-Alfred), maître de gymnase, 57, rue Saint-Denis, en 1905.

CHUVIN, directeur de l'Ecole d'électricité, 50, rue Violet, en 1907.

CLÉMENT, répétiteur, 106, rue de la Pompe, en 1906.

CLERC, instituteur, 1 bis, rue Carpeaux, en 1906.

CLERC (Marius), instituteur, 18, rue Nansouty, en 1906.

CLERC, professeur, 62, rue de Maistre, en 1908.

CODRÉANU (Constantin), P.·. professeur, 35, rue Pascal, en 1909.

COLLETAS, professeur, 2, rue Lhomond, en 1909.

COLLOMBET (Jean-Emile), instituteur, 77, boulevard de Belleville en 1901 et rue Darboy en 1910.

COLOMBAIN (Louis-Gabriel), instituteur, 156 *bis*, avenue Daumesnil.

COLOMBET, instituteur, 144, avenue Parmentier, en 1906.

COMTE (E.), professeur-instituteur, 212, rue des Pyrénées, en 1905.

COMTE, professeur au Lycée Condorcet, en 1901.

CONSTANTIN, répétiteur, école J.-B. Say, 11 *bis*, avenue de Versailles, en 1910.

CORNOT (Emile), instituteur, villa Lefebvre, rue Chauvelot, 25, en 1909.

CORSIN (Henri-Victor-Ernest), professeur à l'Université, 61, rue Dutot, en 1886.

COTON (Pierre), instituteur à l'école de la rue Balagny, en 1905.

COUDON (Henri), chef de travaux cliniques à l'Institut agronomique, 39, boulevard de Port-Royal, en 1906.

COURAULT (Léonard-Joseph), professeur, 73, avenue Ledru-Rollin, en 1898.

COURCELLE (Jules), directeur d'école, 1, rue Lavieuville, en 1905.

COUTANT (Victor), P∴ professeur, 29, avenue de la Motte-Picquet, en 1907.

CRESCENT (Aimé-Joseph), agrégé de l'Université, ancien professeur d'histoire à l'école Colbert, 26, place de la Chapelle, en 1906.

DAIRE (Camille), directeur d'école publique, 40, rue des Pyrénées, en 1910.

DAIRE (Elie-Ernest), directeur d'école, 40, rue des Pyrénées.

DAMBLEMONT, directeur de l'école communale, 6 *bis* et 8, place des Vosges, en 1910.

DAMY (Alfred-Arthur), professeur, 79, rue de Seine, en 1905.

DAUBE, examinateur au Collège Chaptal, en 1910.

DEBIDOUR, inspecteur général honoraire de l'enseignement secondaire, professeur à la Sorbonne de l'Histoire du Christianisme dans les temps modernes, en 1892.

DEBONNAIRE, directeur d'école communale, 7, rue St-Ferdinand (17e), en 1910.

DEBOUZY, directeur de l'école communale, 38, rue Trousseau (11e), en 1910.

DEBRAIE (Ernest), instituteur, 5, rue Treilhard (8e), en 1910.

DECOSTIER (Edmond-Agnan), professeur en congé, 2, rue Saint-Sulpice, en 1891.

DELETTREZ (Jules-Fernand), professeur de mathématiques, 158, avenue de Clichy (9e), en 1904.

DELOBEL (Louis), instituteur, 36, boulevard Beaumarchais (11e), en 1906.

DEMARLE (Georges-Adolphe), professeur de musique, en 1898.

DÉON (Paul), répétiteur à l'école Arago, 4, place de la Nation, en 1910.

DEROME (Edgar), P.·. élève à l'École normale supérieure, en 1908.

DEROUX, professeur libre, 75, rue de Passy, en 1905.

DESPIQUE, professeur, 44, rue des Écoles, en 1907.

DESPIQUES, professeur d'histoire au Lycée Montaigne, en 1909.

DESSERIN, professeur, 20, rue Rochechouart, en 1906.

DHERS (Henri), répétiteur au Lycée Charlemagne, 4, rue de Turenne, en 1905.

DHERS, professeur d'espagnol, cours du G.·. O.·., 25, rue de la Rochefoucauld, en 1906.

DODARD, instituteur, 220, rue des Pyrénées, en 1906.

DOLLÉ (Ferdinand-Frédéric), professeur, 67, rue Claude-Bernard, en 1891.

DORANGE, instituteur, en 1892.

DORMOY, professeur spécial de géographie, 13, rue Cortambert, en 1906.

DRIZARD, professeur, 128, rue Carnaut.

DUBOIS (André), professeur à l'école Diderot, député de la Seine, en 1907.

DUBOIS, professeur, 34, boulevard de la Villette.

DUBOIS (Éloi-Joseph), maître répétiteur à l'école municipale supérieure Colbert, 42, rue Louis-Blanc, en 1898.

DUBOURG, professeur, 57, rue Boissière, en 1906.

DUCHENE (Jean-Baptiste), maître d'étude à l'école supérieur de Commerce, 10, passage Rochebrune, en 1901.

DUFAURE, Lycée Louis-le-Grand, en 1897.

DUFOUR, instituteur, 78, rue Secrétan, en 1907.

DUFRENNE, instituteur, 5, rue d'Aligre, en 1906.

DUHAMEL, professeur aux écoles municipales, 146, rue du Théâtre, en 1907.

DUMAY, instituteur, 27, rue de Saintonge, en 1902.

DUMONTIER (André), professeur de gymnastique, en 1902.

DUPLAN, inspecteur général de l'Instruction Publique, membre du Conseil supérieur de l'Instruction publique, 4, rue de Longchamps, en 1910.

DUPUY (René), instituteur, 60, rue Dulong, en 1908.

DURD (H.), chef d'institution, 16, rue de Picpus, en 1908.

DURDANT (Alphonse), instituteur, 79, rue du Commerce, en 1910.

DURNÉ, instituteur, 37, rue d'Alsace, en 1906.

DUTHEIL, instituteur, 228, rue de Charenton, en 1906.

DUVAL (Ernest), directeur d'école, 32, rue Henri-Chevreau, en 1896.

DYARD (Joseph), directeur d'école primaire, membre du Conseil départemental des instituteurs, 16, rue Laugier, en 1905, rue Ampère (17') en 1910.

ESCUTIA (Joseph), professeur d'espagnol, 5, rue Monsigny, en 1906.

ETOC-DÉVELY (René-Alex.), professeur à l'école Chaptal, 15, rue de l'Hôtel-de-Ville, Courbevoie, en 1910.

FAGES, P.·., instituteur, 8, rue Victor-Letable, en 1909.

FARALICQ, instituteur public, 13, boulevard National.

FAURE (Achille), professeur, 24, rue Gay-Lussac, en 1905.

FENIX (Camille), directeur école communale, 74, rue de Reuilly, en 1900.

FERRAND, instituteur, 8, rue Beausset, en 1890.

FERRÉ (Alfred), instituteur, 26, rue de Bagnolet, en 1888.

FIGUIERA, chef d'institution, 9, rue de Courcelles, en 1882.

FIOLET (Félix), 4 *bis*, rue de l'Olive, en 1905.

FLORENTIC (Jean), instituteur, 41, rue de Tanger, en 1888.

FONCIN (Pierre), inspecteur général de l'Instruction publique, 121, boulevard Saint-Germain.

FONTAINE (Nicolas), chef d'institution, 287, rue de Vaugirard, en 1887.

FORMENTEL (Jules), instituteur, 182, rue de la Convention, en 1906.

FOUQUET, instituteur, 7, rue Barbette, en 1906.

FOURNEAUX, professeur à l'École Colbert, 37, rue Château-Landon, en 1910.

FRAISSE (Jean), professeur, 203 *bis*, bd St-Germain, en 1907.

FRANCK, traducteur et professeur d'espagnol, 53, rue Leibnitz, en 1906.

GACHET, chef d'institution, 28, rue Véron, en 1887.

GAILLARD (Paul-Léon), instituteur, 351, rue des Pyrénées, en 1901.

GAINSETTE (Philibert), professeur, 11, rue des Perchamps, en 1901.

GALLAIS (Lionel), instituteur, 16, rue Louis-Morard, en 1905.

GALLOUËDEC, professeur au lycée Condorcet, membre du Conseil supérieur de l'Instruction publique, 103, rue Notre-Dame-des-Champs, en 1903.

GAMAIN (G.-H.), professeur, 8, rue Lesueur, en 1904.

GAMARD (Henri), instituteur, 137, rue Michel-Bizot, en 1905.

GARNIER (Louis), instituteur, 3, rue de l'Estrapade, en 1901.

GARRIER (A.), directeur école primaire, 5, rue d'Aligre, en 1906.

GARRIGUE (Léon), professeur, 49, rue Gay-Lussac, en 1898.

GAUSSUIN, instituteur, 6, boulevard Morland, en 1906.

GAUTHIER (Clément), professeur de gymnastique, 9, quai de Passy, en 1906.

GENSBURGER (Simon), professeur de lettres, 20, rue de Constantinople, en 1902.

GENTY (Paul-Etienne), professeur, 20, avenue Rapp, en 1905.

GEOFFROY, professeur, 16, rue Taitbout, en 1908.

GÉRARD (Louis), professeur au collège Chaptal, 140, bd de l'Hôpital, en 1910.

GERBER, directeur de l'Institut des langues vivantes, en 1907.

GERMAIN (Auguste-Emile), lieutenant instructeur à l'École Normale supérieure, en 1909.

GERNEZ (Léon-Zacharie), ancien interne, lauréat des hôpitaux, professeur à la Faculté de médecine, 3, avenue de l'Observatoire, en 1906.

GIBIER (Charles), inspecteur des internats primaires de la Seine, 22, rue Saint-Jacques, en 1910.

GIFFAULT, professeur au patronage laïque du XV° arrondissement, en 1908.

GIRAUD (Désiré), directeur de l'hospice des Sourds-Muets, 254, rue Saint-Jacques, en 1901.

GIRAUDON (Charles), instituteur, 4, rue Clavel, en 1906.

GIRAULT (Pascal-Adrien), maître suppléant, 268, rue Saint-Jacques, en 1904.

GIROUD, instituteur, 6, rue Haxo, en 1897.

GLAY, instituteur, conseiller départemental, 210, faubourg Saint-Martin, en 1905.

GOBIN, instituteur, 1, rue des Lilas.

GOBRON (Clovis-Victor), instituteur libre, en 1901.

GOSSE, instituteur, 147, rue Legendre, en 1906.

GOUGEROT, directeur d'école communale, 7, rue Flocon, en 1910.

GOUPILLON fils, répétiteur à l'Ecole coloniale, en 1907.

GOVAIN (Paul-Alfred), instituteur, 2, rue des Bois, en 1901.

GOYARD, instituteur, 86, rue des Archives, 1902.

GRANDCHAMP, instituteur, 18, rue du Moulin-de-Beurre, en 1908.

GRÉGOIRE, instituteur, 94, rue du Mont-Cenis, en 1907.

GRELLAT, instituteur, 13, rue Crespin, en 1896.

GRIPAUX (P.), professeur de violon, 9, rue de Panama, en 1906.

GROS (Auguste-Paulin), professeur de musique, 228, boulevard Voltaire, en 1906.

GROSJEAN, agrégé de l'Université, professeur au petit lycée Condorcet, en 1907.

GUÉDENET (Charles-Claude), professeur de Droit commercial, 17, boulevard Rochechouart, en 1895.

GUÉGUEN, professeur agrégé de l'Ecole supérieure de pharmacie, 4, avenue de l'Observatoire, en 1905.

GUÉRIN, maître d'armes, 16, rue de Grammont.

GUÉTROT (Pierre), professeur à l'Ecole Malesherbes, 2, rue de Miribel, en 1907.

GUIGNARD (Jean-Fernand), répétiteur au lycée Charlemagne, 27, rue de Jussieu, en 1907.

GUILLEMONAT, professeur, 9, rue de Varenne.

GUILLOPÉ (René), professeur à l'Ecole Normale, 65, rue du Moulin-Vert, en 1895.

GUNSBURGER (Simon), professeur, 20, rue de Constantinople, en 1905.

GUYADER (Isidore), instituteur, 3, rue Audran, en 1907.

HARANG (Félix), professeur sténographe judiciaire, 3, rue de Lutèce, en 1895.

HARANT, chef d'institution, 9, rue de Jouy, en 1890.

HASSELOT, professeur, 17, rue des Bernardins, en 1898.

HEMMERDINGER, professeur de l'Université, chef de laboratoire à la Sorbonne, en 1908.

HENNEQUIN, instituteur, 41, rue de Chabrol (X'), en 1910.

HENRY (Max), P.·., professeur de déclamation, 44, rue Pigalle, en 1909.

HENRI (Victor), professeur de physiologie à la Sorbonne, en 1905.

HENRY, instituteur, 57, rue Linois, en 1904.

HENRY (L.), répétiteur à l'école J.-B Say, 4, rue Exelmans, en 1910.

HERBINIÈRE (Jules-Jean), instituteur, 5, rue Clairaut, en 1905.

HERMANN (Alfred), professeur, 81, rue de Turenne, en 1905.

HÉRUBEL (Marcel), professeur de zoologie à la Sorbonne, en 1906.

HERVÉ, docteur, professeur à l'Ecole d'anthropologie de Paris, en 1890.

HEYBERGER, professeur au Conservatoire, 115, rue du Faubourg-Poissonnière, en 1890.

HODANS (Edmond), professeur, 7, rue Taine, en 1906.

HOUARD, instituteur, 21, rue Saint-Ferdinand, en 1892.

HUMBLOT, instituteur, 25, avenue Gambetta, en 1910.

HURET (Marcel), instituteur, 12, rue Jacques-Kablé, en 1907.

ISSAURAT, docteur, professeur libre, 27, rue Drouot, en 1890.

JABIOL, P.·., instituteur, 107, rue Monge, en 1908.

JANIN, préparateur à la Faculté, 4, rue Léopold-Robert.

JEAN-BERNARD, professeur à l'Ecole des Hautes-Etudes sociales, en 1909.

JEANNOL (Camille), instituteur, 14, rue Sauffroy, en 1901.

JEANNON (Xavier), professeur de dessin, 72, rue Laugier, en 1906.

JENNEPIN (Jean-Baptiste-Raymond), directeur d'école publique, 8, passage St-Pierre, 34, rue Saint-Paul, en 1907.

JOUANNETEAU, professeur, 6, rue de Louvois.

JOURNOT (Louis-Marcellus), capitaine de la Garde républicaine, professeur à l'école des sous-officiers de gendarmerie, en 1904.

JUNGAR (H.), professeur, 2, rue Véron.

1

KARPPE, professeur de lettres, 4, rue Herschel, en 1904.

KAUFMANN, professeur à l'Ecole vétérinaire d'Alfort, 2, rue de Poissy, en 1906.

KELLER, professeur, 27, rue d'Ulm, en 1906.

KESTNER, professeur au collège Chaptal, 26, rue des Fossés-St-Jacques, en 1888.

KOVALEWSKI (Maxime), professeur, 13, rue de l'Observatoire, en 1907.

LACAZE (Joseph), professeur de dessin, 70, rue du Cherche-Midi, en 1905.

LAGARRIGUE (Jean-Auguste-Victor), professeur de Sciences, 34, rue de Laborde, en 1905.

LAGNIER (Gustave-Constant), instituteur, 41, rue de l'Ermitage, en 1904.

LAGRAVE (Michel), inspecteur général de l'enseignement technique au ministère du Commerce, en 1901.

LAHY (Jean-Maurice), assistant au laboratoire de psychologie expérimentale à l'Ecole pratique des Hautes-Etudes, 12, rue de Linné, en 1907.

LALLEMENT (Gustave), instituteur, 6, avenue des Gobelins, en 1906.

LAMOURET (Herman), directeur de l'école communale des garçons, 3. rue Vitruve, et 4, rue Martin-Nadaud, en 1904.

LANQUINE (Théobald dit Antonin), publiciste, attaché au laboratoire de physiologie pathologique des Hautes Etudes du Collège de France, ancien co-directeur de la *Revue du XXᵉ siècle*, 6, rue Pestalozzi, en 1906.

LAPICQUE (Louis), maître de conférences à la Sorbonne, 6, rue Dante, en 1907.

LARCHER, professeur de travail manuel, 18, rue Rébeval.

LARIBLE, instituteur, 29, rue Brochant, en 1895.

LAROCHE, professeur à l'école Boulle, en 1900.

LAUDET, instituteur dans le XIVᵉ arrondissement, en 1906.

LAURENT (Maxime), instituteur, 7, rue Biscornet, en 1907.

LAURENT, docteur en droit, professeur de philosophie, 54, rue de Prony, en 1906.

LAUTH (Charles), administrateur honoraire de la Manufacture de Sèvres, directeur de l'Ecole professionnelle municipale de physique et chimie, 31, rue d'Assas, en 1890.

LAVAUD (Ferdinand-Ambroise), répétiteur à Jean-Baptiste Say, en 1910.

LAVOIPIÈRE (Clair-François), docteur en philosophie, ancien professeur à l'Université de Prague, professeur à l'Université de Rostock, 123, rue Saint-Jacques, en 1909.

LAVOIPIÈRE (Charles), professeur, ancien directeur de l'Ecole normale de Tananarive, 82, boulevard Saint-Marcel, en 1909.

LEBRUN, instituteur, 1, rue Demours, en 1905.

LE CESVÉ, instituteur, 104, rue de Sèvres, en 1909.

LE CHAPLAIN (Julien-Joseph), ancien professeur, avocat, en 1892.

LEDERER (Désiré), professeur de musique, 93, avenue Niel, en 1908.

LEFEBVRE (Paul), professeur de dessin, 62, rue Truffault, en 1906.

LEFÈVRE (Hubert-Camille), instituteur, 1, rue Lavieuville, en 1906.

LEGRY (fils), instituteur, 78, rue de Flandre, en 1906.

LELARGE (Emile), inspecteur administratif des écoles, 5, rue d'Alençon, en 1900.

LELARGE (P.), instituteur, 105, rue de Rennes, en 1891.

LELARGE, chef d'institution, 56, rue de la Montagne-Sainte-Geneviève, en 1882.

LELIÈVRE, instituteur, 50, rue Custine, en 1906.

LEMAIRE (Eugène), instituteur, 60, rue Stephenson.

LEMAITRE (Joseph), professeur à Sainte-Barbe, 7, rue Corneille, en 1887.

LEMANT, ancien élève Ecole normale supérieure, en 1901.

LEMARIGNIER (Albert), agent général de la Société pour l'instruction élémentaire, 1 bis, rue Hautefeuille, en 1880.

LENOIR, lycée Michelet, en 1898.

LEPAGE (Paul), professeur de dessin, 12, rue Chanoinesse, en 1906.

LEPELTIER (Marie-Louis-Alfred), professeur, 53, rue de Caulaincourt, en 1907.

LE ROUX (Louis-Stephen), instituteur, 116, rue de Reuilly, en 1905.

LEROY, instituteur, 16, rue Montgolfier, en 1905.

LEROY, rédacteur au ministère de l'Instruction publique, en 1901.

LEROY (Bernard), docteur, chargé d'un cours de psychologie religieuse à l'Ecole pratique des Hautes-Etudes à la Sorbonne, en 1909.

LESOUDS (Louis), P.·.., instituteur, 14, rue Manin, en 1909.

LETELLIER (Césaire-Jules-Joseph), professeur de musique, 40, rue des Marais, en 1907.

LETEURTRE, instituteur, 18, rue des Archives, en 1889.

LÉVIN, professeur de musique, 7, rue de Belloy, en 1906.

LEYRE, instituteur, 191, rue Saint-Maur, en 1907.

LIBAUT, instituteur, 20, rue du Banquier, en 1899.

LIÉDET, instituteur, 32, boulevard de Reuilly.

LIGEROT, instituteur, 29, rue de Lyon, 1906.

LINDENMEYER (John), professeur d'escrime, Ecole Polytechnique, 21, rue Ruty, en 1909.

LORTET (Jean-Louis), instituteur, 55, rue Cler, en 1903.

LUCAS (Paul-François-Hippolyte), maître répétiteur à l'école Turgot, en 1901.

LYONNET (Henri), professeur de mathématiques à l'école J.-B. Say, en 1900.

MAGNAT (Marius), directeur de l'Ecole des Sourds-Muets, en 1889.

MAGNIEN, instituteur, 1, rue Larrey, en 1908.

MAINARD, professeur, 87, boulevard Berthier, en 1906.

MANGET, instituteur, rue Sambre-et-Meuse, en 1895.

MANGUIN, instituteur, 5, rue des Ecoles, en 1904.

MANIÈRE (Henri), directeur d'école communale, 5, rue Prisse-d'Avesnes, en 1910.

MANNEVY, instituteur, 4, rue Friant, en 1907.

MARAIS (Auguste), professeur à Sainte-Barbe, 3, rue Soufflot, en 1887.

MARCHAND (D.), instituteur, 14, rue des Minimes, en 1906.

MARION (James), professeur, 254, rue Saint-Jacques, en 1905.

MARTENOT (Georges-Etienne), P∴, instituteur, 18, rue Saint-Nicolas, en 1907.

MARTIN (Onésime-Adoléa), instituteur, 147, boulevard Saint-Michel, en 1891.

MARTIN (Edmond), directeur d'école primaire, 4, rue Prisse-d'Avesnes, en 1905.

MARTINET, professeur au lycée Condorcet, 119, rue du Temple, en 1895.

MARY (J.), professeur, 26, rue Notre-Dame-de-Nazareth.

MAURE (Ernest), répétiteur au lycée Henri IV, 41, rue Vandrezanne, en 1904.

MAURÈS (Adonis), directeur d'école, 46, rue Boulard, en 1907.

MAURETTE, professeur à l'Ecole normale supérieure, en 1908.

MAURICE (Edouard), instituteur, 67, place Saint-Charles, en 1895.

MENGET (Emile-Marie), instituteur, 230, rue Saint-Maur, en 1904.

MENUET (Pierre), professeur, 33, rue des Trois-Frères, en 1905.

MESNARD, répétiteur, 88, boulevard Saint-Michel, en 1906.

MESNARD (Gabriel-Edmond), répétiteur à l'Institut des Sourds-Muets, 88, boulevard Saint-Michel, en 1908.

MESROUZE, professeur d'anglais aux cours commerciaux du G∴ O∴, 2, rue Erlanger, en 1906.

MESSIER, instituteur, rue Meslay, en 1898.

MICHAUD (Félix), agréé, préparateur à la Sorbonne, 22, rue de Prony, en 1909.

MICHAUT, professeur à l'Ecole centrale des Arts, en 1907.

MICHEL, répétiteur, 65, rue du Cardinal-Lemoine, en 1907.

MICOULEAU, professeur, 15, rue Treilhard, en 1899.

MILLOT, instituteur, école place des Vosges (5e), en 1910.

MILLOT (Just-Michel), instituteur, 164, avenue de Suffren, en 1906.

MINOT, instituteur primaire retraité, 7, rue Sainte-Marie, en 1906.

MIRMAN (Bauno), instituteur, 63 *bis*, rue Dulong, en 1896.

MITON, ingénieur, professeur à l'Ecole spéciale des travaux publics, 49, rue de Lévis, en 1905.

MONNIER (André), instituteur, 43, rue Faidherbe, en 1907.

MONTRICHARD (Charles-Emile), instituteur public, 16, rue Charlemagne, en 1896.

MORARD, directeur d'école communale, 4, place du Commerce, en 1895.

MOREAU (Camille), instituteur, 16, rue Perdonnet, en 1909.

MOREAU (Emile), instituteur, 52, rue Custine, en 1909.

MOREL (Pierre), instituteur, conseiller municipal de Paris, 99, boulevard Diderot, en 1906.

MORHANGE (Achille), professeur de violon, 50, rue de Douai, en 1909.

MORIN (Jean-Baptiste), professeur de philosophie, 1, place de Valois, en 1909.

MORY (Joseph), instituteur, 26, rue Notre-Dame-de-Nazareth, en 1904.

MOUILLE, directeur de l'Ecole Boulle, 57, rue de Neuilly, en 1906.

MOUISSET (Auguste), instituteur, 31, rue de la Villette, en 1906.

MOUTARDIER, professeur à l'école municipale Diderot, 1, rue Rampal, en 1904.

MOUTTET, professeur, 20, avenue de l'Opéra, en 1909.

MUGNIER instituteur, école maternelle de la rue Traversière, en 1908.

NAEGELIN, instituteur, 60, rue de Montcalm, en 1907.

NALOT (Louis), P.·., professeur à la Société d'Enseignement moderne, 35, rue Lignier, en 1909.

NAN (Francisque), employé au ministère de l'Instruction publique, 6, rue de Meudon, à Billancourt, en 1905.

NÈGRE (Marius), instituteur, 8, rue Levert, en 1906.

NICLOT, instituteur public, 55, boulevard Pasteur, en 1909.

NIEL, professeur, 8, boulevard Péreire, en 1905.

NOBAL (Edouard - Augustin), professeur en congé, 41, rue Monge, en 1891.

NOGRETTE (Henri), instituteur, 5, rue Chabanais, en 1905.

NOVAZELSKI (Alfred), surveillant d'internat, 27, rue Geoffroy-l'Asnier, en 1908.

OUAIRY, instituteur, 137, rue du Théâtre, en 1901.

OUDOT (Paul-Célestin), répétiteur à l'Institution nationale des Sourds-Muets, 254, rue Saint-Jacques, en 1904.

PAGÈS (A.), professeur au lycée Charlemagne, 8, avenue Daumesnil, en 1907.

PAPILLAULT, docteur, professeur à l'Ecole d'anthropologie, 3, quai Malaquais, en 1905.

PAPILLOT (Charles-Pierre), instituteur, 41, rue des Apennins, en 1905.

PASTRE (Auguste), instituteur, 147, boulevard Saint-Michel, en 1890.

PAYRARD (Pierre), préparateur au lycée Saint-Louis, en 1887.

PÉCHOT, professeur au lycée Lakanal, 99, boulevard Arago, en 1896.

PELLÉ, professeur, 263, boulevard Voltaire.

PELLÉ (Félix), instituteur, 35, boulevard Arago, en 1906.

PERNIN (Jean), instituteur à Oson, en 1895.

PERNOT (Hubert), professeur de l'Université, docteur ès lettres, d'une L.'. de Paris, en 1909.

PERRIN (Emile), professeur de l'Université, 5, rue de Copenhague, en 1909.

PERRIN (Elie), professeur de mathématiques, à l'école J.-B.-Say, 3, rue Tharbé, en 1910.

PERROUX (Jules-Ch.-Marius), professeur libre, en 1892.

PETIT (Edouard), inspecteur général des écoles primaires, 36, boulevard Flandrin, en 1910.

PEUVRIER (Achille), instituteur, 80, rue Vaneau, en 1907.

PÉZARD (Léon), instituteur, 15, rue des Fossés-Saint-Jacques, en 1906.

PHILIPPON (Gustave-Charles), inspecteur général honoraire de l'Instruction publique, en 1897.

PICARD (Léon-Remi), instituteur, 8, place du Puits-de-l'Ermite, en 1908.

PICOT, chef de bureau au ministère de l'Instruction publique, auteur dramatique, aux Carrières-Saint-Denis, en 1906.

PIERROTET (Paul), directeur de Sainte-Barbe, adjoint au maire du V°, 2, rue Cujas, en 1906.

PILLET (Victor-Alexandre), maître répétiteur au lycée Henri IV, en 1894.

PIOTON, instituteur, 39, boulevard Port-Royal, en 1903.

PLATEL (Albert), instituteur, 45, rue d'Alésia, en 1905.

POUJOL, instituteur, 3, boulevard Arago, en 1906.

PRÉVOST (Maurice), instituteur, 19, rue Lebouteux, en 1898.

PRUD'HOMME (Gustave-Constant), instituteur, en 1899.

PULLE (Théophile-Léon), instituteur, 10, cité de la Chapelle, en 1887.

PUYTORAC (De), instituteur, 3, rue Rousset, en 1907.

QUEROY (Henri-Louis), professeur à l'Ecole des Hautes-Etudes commerciales, commissaire contrôleur des Compagnies d'assurances au Ministère du Travail, publiciste, 5, rue César-Franck, en 1905.

QUESNEVILLE (Georges), professeur à la Faculté de pharmacie, 1, rue Cabanis, en 1887.

RABACHE (Cyriaque-Edouard), instituteur, 2, rue Claude-Pouillet, en 1890.

RADIGUER, directeur de l'école de chant choral, 17, rue Véron, en 1906.

RAFIGNON (Jules), instituteur, 13, avenue de la Bourdonnais, en 1891.

RANCES, professeur au lycée Condorcet, 48 *bis*, rue d'Auteuil, en 1906.

RAULIN (Alfred), instituteur, 8, rue de Crussol (11°), en 1910.

REGIMBEAU, directeur de l'école communale, 20, rue Etienne-Marcel, en 1895.

RÉGNIER (J.), instituteur, d'une L.˙. de Paris en 1908.

REGUIS (J.A.), professeur libre, 40, rue Vital, en 1906.

RENARD (Georges), professeur au Conservatoire des Arts-et-Métiers, en 1906.

RENAUD, instituteur, 17, place du Marché-Saint-Honoré, en 1899.

REY-GOLLIET, instituteur, 67, rue Richelieu, en 1903.

RHEIMS (Benoit), chef d'institution, 7, rue de Navarin, en 1887.

RIBAUCOURT (Ferdinand-Frédéric-Edouard de), docteur ès sciences, préparateur en Sorbonne, professeur à Lavoisier, 86, boulevard de Port-Royal, en 1910.

RICHARD (Aristide), instituteur, 9, rue Lhomond, en 1907.

RICHARD (Charles), licencié ès sciences, mathématiques, professeur, 1, rue Mizon, en 1905.

RICHARDOT (Pierre-Justin), instituteur communal, 21, rue Saint-Ferdinand, en 1904.

RICHARDOT, instituteur, 113, rue de Tocqueville, en 1910.

RICHET (Charles), professeur à la Faculté de médecine, membre de l'Institut, 15, rue de l'Université, en 1904.

RICROS (Philippe), instituteur titulaire, 156, rue du faubourg Saint-Martin, en 1906.

RIGAUD (Auguste-Claude-Eloi), professeur, attaché au ministère du Commerce, 154, avenue Wagram, en 1895.

RIGOULOT (Tell-Charles-Frédéric), instituteur à l'école communale, 6, rue Lecourbe, en 1898.

RISSON (Paul), professeur de l'Université, 19, rue Jules-César, en 1906.

RIVET, instituteur, 13-15, avenue des Gobelins, en 1909.

ROBARDEY (Marie-Joseph), instituteur, 118, rue de Charonne, en 1907.

ROBBE, professeur, 254, rue Saint-Jacques, en 1890.

ROBIN (Paul), ancien directeur de l'Ecole mixte de Cempuis, directeur de « Régénération », 5, passage du Surmelin, en 1907.

RODE, professeur d'espagnol, 2, passage Hallet, en 1903.

RODDIER, licencié ès sciences physiques, école Dorian, 72, avenue Philippe-Auguste, en 1901.

RODIER, instituteur, 83, rue du Château des Rentiers, en 1905.

ROUGIER, instituteur, 1, rue Clodion, en 1907.

ROUSSEAU, professeur Ecole dentaire, 57, rue des Martyrs (9°), en 1910.

ROUSSEL, instituteur, 207, rue de Vaugirard, en 1907.

ROUSSEL (Louis), secrétaire de la Fédération des instituteurs contre les évêques, en 1909.

ROUSSELET, instituteur, 32, boulevard Saint-Germain, en 1907.

ROUSSELLE (Etienne), directeur d'école, 9, rue Popincourt, en 1905.

ROYER (Henri), instituteur, 126, rue Vieille-du-Temple (3°), en 1910.

RUBEN (Élie), professeur, 5, rue Croulebarbe, en 1905.

RUBINFEUR (Isidore), professeur de langues, 4, rue Herschel, en 1908.

RUFFIER, instituteur, 4, rue Botzaris, en 1905.

SABA (Maximilien), P.·., instituteur, 13, carrefour de l'Odéon, en 1908.

SABRA (A.), professeur d'anglais et langues orientales, 101, rue Lafayette, en 1906.

SALLE, professeur, 62, rue de la Santé.

SAMSON, instituteur, 6, rue Torricelli, en 1895.

SARRAZIN, instituteur public, 151, rue de Grenelle, en 1898.

SAUVAGE, instituteur, 60, rue de Montcalm, en 1908.

SCHEID (Gustave-Louis Alfred), professeur à l'école Turgot, en 1910.

SCHMITT (Etienne), instituteur, 221, rue Saint-Denis, en 1895.

SCHŒPF (Auguste), attaché au ministère de l'Instruction publique, 91, rue Broca, en 1904.

SCHRADER (Frantz), professeur à l'Ecole d'anthropologie, en 1906.

SÉAILLES (Gabriel), professeur de philosophie à la Sorbonne, en 1885.

SERMONAT, professeur, 58, avenue de Wagram.

SILVESTRE (Léon), instituteur, 8, rue de Jarente, en 1887.

SOLLIER (Louis), instituteur, 17, rue Pierre-Levée, en 1906.

SOULEY-DARQUÉ, professeur au Collège libre des Sciences Sociales, en 1901.

SOULIER (Camille), professeur, 95, rue de la Chapelle, en 1905.

SOUVENT, instituteur, 6, rue Ravignan, en 1897.

STEIN (Adolphe), professeur de langue allemande au collège Chaptal, 34, rue des Batignolles, en 1910.

STIVENARD, professeur de musique, 75, rue Blanche, en 1907.

STREHLY, professeur au lycée Louis-le-Grand, 6, rue de Vaugirard, en 1887.

STRIPE, instituteur, 1, boulevard Arago, en 1881.

SUBRINI, instituteur, 16, rue Louis-Blanc, en 1908.

SUJOL, professeur au Conservatoire, en 1905.

TAILLADE (Ernest), professeur de droit, 18, rue Caumartin, en 1906.

TAILLEFER (Joseph), instituteur, 58, rue Philippe-de-Girard, en 1905.

TAMANCHEFF (Michel), chargé de cours à l'école russe des Hautes-Etudes, en 1905.

TARDY, ingénieur-agronome, professeur à l'Institut agronomique, rue Claude-Bernard, en 1908.

TASSY (Victor), instituteur, 48, rue Philippe-de-Girard, en 1909.

TESTARD, instituteur, 71, faubourg-Saint-Martin, en 1907.

TESTART (Hector-Edmond), instituteur, 140, Faubourg-Saint-Martin, en 1899.

TEXIER, instituteur, 26, boulevard Poissonnière, en 1903.

THALAMAS, professeur agrégé au lycée Charlemagne, en 1907.

THIÉBAUD, professeur au collège Chaptal, en 1910.

THIRET, ancien instituteur, 47, Faubourg Saint-Martin, en 1905.

THOMAS, P..., instituteur, 5, rue des Belles-Feuilles, en 1908.

TIGET (E.), instituteur, 2, rue Voltaire, en 1905.

TILLOY (Georges), répétiteur à l'Institut des Sourds-Muets, 254, rue Saint-Jacques, en 1899.

TOURSEL (Anatole), instituteur, 43, rue Bichat, en 1896.

TRIBIER (Pierre-Paul-Elie), professeur, 70, rue Marcadet, en 1906.

TRIBLE (Alfred), professeur, 53, rue Daguerre, en 1907.

VACHEZ (Henry), vice-président du Cercle populaire de l'enseignement laïque, en 1907.

VALENTIN (Eugène), professeur de médecine, en 1908.

VALENTIN (Eugène), professeur de dessin, 9, rue Saint-Séverin, en 1908.

VALIÈRE (Alfred-Victor), professeur de mécanique, 11, villa Sadi-Carnot, en 1905.

VALLIOR, instituteur, 46, boulevard du Temple, en 1910.

VANEY (Victor-Joseph), instituteur, 63, rue des Cloys, en 1903.

VANGÈLE, instituteur, 51, avenue des Gobelins, en 1895.

VAUCHEZ (Emmanuel), secrétaire général de la Ligue de l'enseignement, en 1889.

VAUZELLE (Amédée-Emile), instituteur, 184, rue Legendre.

VERDEAU (Maurice-Jean), répétiteur au lycée Henri IV, en 1894.

VERLOT (fils) (Constant), professeur à Chaptal, 37 bis, rue du Sentier, en 1910.

VERNIER (Charles-Jules), instituteur, 6, rue Paul-Bert, en 1907.

VEYRIÈRES (Jules-Adolphe), instituteur, 11, rue de Marseille, en 1904.

VIGINEIX (Adrien), instituteur, 110, rue Falguière, en 1906.

VIGNON, professeur, 14, avenue de la République, en 1910.

VILLANUEVA (Francisco), professeur, 18, rue Rochechouart, en 1901.

VILLATTE (Aristide-Aurélien), instituteur public, 109, rue de Clignancourt, en 1907.

VILLET-WALBERT, instituteur, 2, rue Poncelet, en 1895.

VILLETARD DE LAGUERIE. professeur, 11, rue Jean-de-Beauvais, en 1906.

VILLEY, professeur, 123, rue Saint-Jacques, en 1890.

VINSON (Auguste), professeur, 12, rue Royer-Collard, en 1901.

VINSON (Julien), professeur à l'Ecole nationale des Langues orientales vivantes, en 1900.

VIRGINEIX (A.), professeur, 56, boulevard Pasteur.

VOISIN (père), professeur de dessin, 209, avenue Gambetta, en 1906.

VOISIN (fils aîné), instituteur, 18, rue Gramme, en 1906.

WALLIOR (Georges), instituteur, 48, boulevard du Temple, en 1907.

WELLHOFF (Edouard), professeur, 27, avenue de l'Opéra, en 1906.

WITZ (Edmond-Paul), maître répétiteur, 4, rue de Chevreuse, en 1880.

ZEBROWSKY (Bronislas), directeur du *Bulletin de l'enseignement supérieur populaire*, 95, boulevard Malesherbes, en 1895.

SEINE
(Académie de Paris)

AIZIÈRE (Jules), instituteur, avenue de la Gare, Alfortville, en 1907.

ANDRÉ, professeur, 22, rue des Pernelles, à Bagnolet, en 1894.

AUBRY (Emile-Adrien), instituteur, 129, Grande-Rue, Villemomble, en 1906.

AYMARD (Aubin), instituteur, 8, rue du Corbillon, Saint-Denis, en 1910.

BANSE, instituteur, 12, rue de l'Abbaye, Ile-Saint-Denis, en 1905.

BARBIER, professeur à Alfort, en 1894.

BARBIER (Adolphe), instituteur, 14, rue Rouget-de-l'Isle, à Courbevoie, en 1897.

BARRÉ, instituteur, Nogent-sur-Marne, en 1892.

BARRIOD, instituteur à Septmoncel, en 1906.

BAUX (Jean-Auguste), instituteur à Bois-Colombes, en 1892.

BECKER (Henry), ex-professeur au lycée Henri IV, percepteur aux Lilas, en 1907.

BÉGUIN, économe de l'Ecole des Sourds-Muets, 29, rue de Nanterre, à Asnières, en 1895.

BEHEN (Gilbert), instituteur, 4 *bis*, rue des Ecoles, Asnières, en 1905.

BÉLICARD, instituteur, 6, rue Aguado, à Gennevilliers, en 1905.

BELLICARD, professeur, rue Aguado, Gennevilliers.

BÉRANGER, instituteur, 53, Grande-Rue, à Saint-Maurice, en 1906

BIDAU, instituteur à Saint-Mandé, en 1905.

BOITEL, instituteur primaire, 18, rue du Bois, à Clichy, en 1896.

BORNIBUS (François-Albert), professeur de mathématiques, 15, rue Montmartre, à Saint-Ouen, en 1906.

BOUDON, instituteur, à Pavillons-sous-Bois, en 1910.

BOUFFARD (Michel-Henri), professeur de gymnastique, à Champigny, en 1900.

BOUGUIN, professeur, 14, avenue des Tilleuls, Alfortville, en 1907.

BOULLÉ, instituteur, 18, avenue de Bondy, à Noisy-le-Sec, en 1906.

BOURGUEL (Léon-Philéas), professeur, 12, rue du Plateau, Vincennes, en 1907.

BOURRELLY (J.), instituteur, 4, place de la République, Levallois-Perret, en 1906.

BOYER, instituteur, hospice de Bicêtre.

BRÉJEOT (L)., instituteur, à Charenton, en 1900.

BRÉMOND, sous-directeur, institution de Saint-Mandé, en 1891.

BRETON, instituteur, 77, avenue des Batignolles, à Saint-Ouen, en 1900.

BUSSE (Jean-Louis), instituteur à Bonneuil, en 1898.

BUZENET, instituteur, 24, rue Danton, Levallois-Perret, en 1901.

CAHO-PLATERO, P.·., avocat, professeur à l'Ecole des Hautes-Etudes commerciales, 37 bis, avenue de Courbevoie, Asnières, en 1908.

CARLIER (Charles-Albert), instituteur, 15, rue Daniel, à Asnières, en 1902.

CASSEL (Paul-Isaire), instituteur, à Saint-Ouen, en 1898.

CAVALIÉ (Isidore-Louis), professeur, 21, rue Léon, Saint-Maur, en 1905.

CAVALIER, instituteur, à Choisy-le-Roi, en 1901.

CAYEUX (Jules-Victor), instituteur à Clichy, en 1898.

CELLIER, directeur d'école primaire, rue de Paris, et 87, rue Thiers, Boulogne-sur-Seine, en 1910.

CELLIER (Arthur), instituteur, 33, rue du Val-d'Osne, à Saint-Maurice, en 1898.

CHARLES (J.), instituteur, Saint-Denis, en 1903.

CHAUVEAU, sergent-major instructeur à l'Ecole normale de gymnastique de Joinville-le-Pont, en 1907.

CHEVALLIER, moniteur-chef à l'Ecole d'arboriculture de Paris, 65, avenue Sainte-Marie, à Saint-Mandé.

CLAVEL (René-Charles), professeur, La Garenne-Colombes, en 1907.

CLÉMENT, instituteur à Montrouge, en 1904.

COLLET, instituteur, 13, rue de Paris, à Clichy, en 1907.

COQUOT, professeur de clinique chirurgicale à l'Ecole vétérinaire d'Alfort, en 1900.

COURRÈGES (Paul), instituteur, 2, rue Langlier-Renaud, Saint-Denis, en 1906.

CRONIER (Alfred-Félix), instituteur, 20, rue du Sentier, à Bois-Colombes, en 1908.

DELAPLACE (Jules), directeur de l'école commerciale, 64, rue de Fontenay, Vincennes, en 1901.

DELETROY (Maurice), instituteur, 23, rue d'Aguesseau, à Boulogne-sur-Seine, en 1906.

DELPY, instituteur public, de la L.·. de Levallois-Perret, en 1909.

DENIS, P.·., instituteur, 16, rue du Centre, à Pantin, en 1908.

DETAILLE, P.·., instituteur, rue Rouget-de-Lisle, à Courbevoie, en 1907.

DEUM, instituteur, 28, rue Leliot, Asnières.

DEVILLIERS, professeur, Grande-Rue Saint-Marcel, à Saint-Denis, en 1908.

DORION (Joseph-Eugène-Lucien), instituteur, à Clichy, en 1907.

DOUCHEZ (Alex-Théo-Pierre), instituteur, à Bagnolet, en 1903.

DUFOUR, instituteur, 13, rue Denis-Papin, Puteaux, en 1905.

DURDAU, instituteur, à Courbevoie, en 1897.

DUROT (Edmond-Georges), instituteur à l'école communale de Charenton, en 1899.

ELOI, instituteur, à Pantin, en 1893.

ERBA, instituteur, 20, route des Moulineaux, Issy-les-Moulineaux, en 1907.

ESTIENNE (Emile), instituteur, 113, rue de Paris, Montreuil-sous-Bois, en 1906.

FAILLU (Joseph), instituteur, 241, avenue de Paris, Saint-Denis, en 1907.

FAILLU (Emile), directeur d'école, 120, avenue de Paris, Saint-Denis, en 1905.

FAUVEL, institution, rue des Poissonniers, Vincennes, en 1908.

FEREY (Aug.), chef d'institution, à Pierrefitte, en 1908.

FEUILLET (Victor), chef d'institution, à Suresnes, en 1901.

FOURNIER, instituteur, 64, rue de Paris, à Ivry, en 1895.

FOURNIER (Louis-Paul), instituteur-adjoint, 11, rue des Bruyères, Les Lilas, en 1904.

FREYDIER (Alexandre), instituteur, 46, rue Alexis-Pesnon, Montreuil-sous-Bois, en 1905.

GAILLARD, instituteur, à Saint-Ouen.

GAINSETTE, instituteur, 34, rue de Bagnolet, Vincennes, en 190·

GARNIER (Lazare), P.·., instituteur, 21, avenue Quin-
chon, Saint-Mandé, en 1909.

GAUDE (Louis-Léopold), instituteur libre, 7, passage d'Hé-
bécourt, Malakoff, en 1896.

GÉHANT, école du Centre,
Montreuil.

GIBERT, professeur, de la L.·.
de Saint-Mandé, en 1902.

GILLET (Fernand), instituteur,
38, rue d'Asnières, La Garenne-Colombes, en 1907.

GINESTET (Aug.), professeur,
Bagnolet.

GIRARDOT, professeur à Clichy, en 1905.

GORET, chef d'institution à
Maisons-Alfort, en 1890.

GORET, professeur de gymnastique, rue de l'Ormeau, Parc-
Saint-Maur.

GOULET (Louis-Dominique),
instituteur adjoint, à Courbevoie, en 1901.

GROSJEAN, instituteur à Saint-
Ouen, en 1904.

GUERARE (Henri), instituteur,
école maternelle, les Lilas, en
1908.

HACQUIN, chef d'institution, 8,
rue Martinval, à Levallois, en
1906.

HERBAUDIÈRE, P.·., instituteur, 13, rue Montaigne, Asnières, en 1909.

JACQUOT, instituteur, 77, avenue des Batignolles, à Saint-
Ouen, en 1910.

JANDÉ (Louis-Léopold), chef
d'institution, rue Chauvelot,
à Malakoff, en 1895.

JAY, chef d'institution, 63,
rue des Aubépines, Bois-
Colombes

JEUNEMAITRE, instituteur,
128, rue de Paris, Puteaux,
en 1905.

JOLLY, instituteur à Champigny, en 1906.

JOLY (Louis-Henri), instituteur,
rue Bonneau, Champigny, en
1908.

JUIN, instituteur, à Courbevoie, en 1906.

KERBER, instituteur, 50 bis,
avenue des Batignolles, Saint-
Ouen, en 1904.

KIENLIN (Jules-César-Barthé-
lemy), professeur de langue
allemande et publiciste, 2,
avenue Franklin, Bécon-Cour-
bevoie, en 1909.

KLEIBER, professeur, 64, rue
de Fontenay, Vincennes, en
1907.

KOCH (Etienne-Louis), instituteur, 9, rue Michelet, à Pantin, en 1905.

LACAILLE, instituteur, 20, rue
Victor-Hugo, à Nanterre, en
1907.

LACARRÈRE, instituteur public, 73, rue de Seine, à Ivry,
en 1908.

LANDRIEUX (Gustave-Arthur),
directeur des écoles, Parc-
Saint-Maur, en 1910.

LAPLACE, institution, 64, rue
de Fontenay, Vincennes.

LARRIVE, instituteur, 36, rue
de Meudon, à Issy, en 1907.

LASCROUX (Félix-François-Jo-
seph), instituteur, 2, rue de
l'Eglise, Courbevoie, en 1905.

LAZARD, professeur d'horticulture, au Plessis-Piquet, en 1903.

LEANDRI (Pierre-Joseph), professeur, 9, rue Valentin, Levallois, en 1906.

LEBLOND, instituteur public à Chantilly, en 1908.

LECENES (Gustave), instituteur à Saint-Ouen.

LE CESVÉ, instituteur, 7, place Charras, Courbevoie, en 1906.

LE COCQ (Eugène), directeur de l'école publique de Colombes, rue des Champarons, Colombes, en 1910.

LEMAIRE, instituteur, 21, rue Léon, à Saint-Maur, en 1907.

LEPOIVRE (Adéodat), instituteur à Levallois-Perret, en 1907.

LESESNE (Adrien), directeur d'école à Saint-Ouen, place de la Mairie, en 1910.

LORIOT (Ernest), instituteur, 70 *ter*, rue de la République, Puteaux, en 1905.

MAIRE, instituteur, 20 *bis*, avenue de la République, à Fontenay, en 1905.

MALIN (Gaston), instituteur. ancien professeur des sourds et muets, 43, avenue de Courbevoie, à Asnières, en 1905.

MALZI, instituteur, 70, avenue de la Reine, à Boulogne-sur-Seine, en 1899.

MARQUET (Théodore), directeur d'école, à Drancy, en 1901.

MARTRES, professeur de comptabilité à l'Association philotechnique, 40 *bis*, rue de Paris, Joinville-le-Pont, en 1905.

MESNARD, instituteur en chef à Bicêtre, en 1898.

MOITET (Georges), professeur, 7, boulevard Voltaire, à Asnières, en 1905.

MORA, instituteur, 63, rue Sadi-Carnot, à Puteaux, en 1910.

MOUSSARD, professeur, 17, rue Thiers, Clamart, en 1908.

NICOLAI, chef d'institution, 65, rue du Bois, Levallois-Perret, en 1882.

PACHOT (Edmond), professeur en congé, 166, rue de Paris, Les Lilas, en 1906.

PACROS (Martin), instituteur, 39, rue Gutenberg, Boulogne, en 1901.

PELLETIER (Emile), instituteur, école du Centre, Charenton, en 1906.

PER (Hubert), professeur, Fontenay-sous-Bois, en 1908.

PÉROT (A.), professeur, 213, rue Saint-Denis, à Courbevoie.

PERROT (Jean), chef d'institution, 11, rue de Montreuil, à Pantin, en 1898.

PERROT (Jean), ancien chef d'institution, à l'Ile-Saint-Denis, en 1900.

PICAN (P), maître d'escrime, 12, rue du Midi, à Vincennes, en 1905.

PINÈGRE (Ernest), instituteur, 3, avenue Baudard, Bois-Colombes, en 1906.

POGGIOLI, instituteur, Le Bourget, en 1905.

POULBOT, instituteur, 15, rue Fontaine, à Saint-Denis, en 1895.

POURDIVES (Léon), chef d'institution, 56, Grande-Rue, Issy, en 1886.

PUECH (Fred-Joseph), instituteur, Bagnolet, en 1900.

QUENNEHEN, instructeur, 30, rue de Strasbourg, Vincennes, en 1907.

RABOIN, instituteur, 18, avenue de Bondy, Noisy-le-Sec, en 1906.

RAVIER, instituteur, 13, rue Pinel, à Saint-Denis, en 1906.

REGNAULT (Paul), P.·. professeur de gymnastique, 174, route de Châtillon, Malakoff, en 1908.

RENAUD, instituteur, 24, route de Vitry, à Ivry, en 1901.

RICAU (Eugène), maître d'escrime, 12, rue du Midi, Vincennes, en 1907.

RICHARD (François), professeur à l'École commerciale, 64, rue de Fontenay, Vincennes, en 1905.

RIESS (Paul), P.·. instituteur, 4, rue d'Alsace-Lorraine, Saint-Mandé, en 1909.

RIGOLAGE (Jules-Emile), principal de collège en retraite, rue de Vincennes, Montreuil-sous-Bois, en 1901.

RINDERNEK (Alphonse), instituteur, Aubervilliers, en 1905.

RIVIER, instituteur, 73, rue du Vieux-Pont-de-Sèvres, Boulogne, en 1907.

ROSTAING (Raymond), ancien professeur, ancien maire, Choisy-le-Roi, en 1894.

ROY, instituteur, 65, rue Voltaire, Levallois-Perret, en 1907.

RUBEN (Auguste), directeur de pensionnat de jeunes gens, 45, rue Louis-Blanc, Courbevoie, en 1907.

SAINT-JOSEPH, répétiteur au lycée de Vanves, en 1898.

SAUVAL, instituteur, 19, rue du Val-d'Osne, Saint-Maurice, en 1905.

SCELLES (Georges), P.·. instituteur, 67, rue Rivay, Levallois, en 1909.

SEGALA, instituteur, 40, rue Diaz, Boulogne, en 1907.

SEGAUX (H.), pensionnat de jeunes gens, suppléant du juge de paix, aux Lilas, en 1906.

SÉGUINOT, chef d'institution, 120, Grande-Rue, Saint-Mandé.

SOUFFLAY (Raphaël), professeur, 66, rue du Bac, La Varenne-Saint-Hilaire, en 1905.

La S.·. TEISSIER, directrice du Pensionnat d'éducation intégrale et laïque pour jeunes filles, désigné pour recevoir les pupilles de la Seine, 9, rue Alexis-Pesnau, à Montreuil-sous-Bois, en 1910.

TEISSIER, pensionnat de jeunes filles, 9, rue Alexis-Pesnau, Montreuil-sous-Bois, en 1905.

THIÉRY (A.), instituteur, rue Gobert, à Clichy, en 1903.

TINCHON, instituteur, 73, rue de Paris, Saint-Ouen, en 1899.

TOUSSAINT (Henry-Eugène), instituteur, 144, rue de Paris, à Charenton, en 1896.

VACHEZ (Léon), instituteur, 74, rue Lamarck, à Saint-Ouen, en 1904.

VACOUSIN, instituteur-adjoint, à Villemomble, en 1907.

VALLETE, professeur d'escrime, 25, rue de la Mairie, à Vanves, en 1907.

VAUVEL, professeur d'arboriculture, 45, rue de Paris, Clamart, en 1905.

VIÉ, chef d'institution, 120, Grande-Rue, Saint-Mandé, en 1907.

VIOLETTE (Henri), instituteur public, 58, rue Vallier, à Levallois-Perret, en 1905.

WOLFF, directeur de l'Ecole de Vitry, Port-à-l'Anglais, en 1908.

ZABOROWSKI, professeur à l'Ecole d'anthropologie, à Thiais, en 1905.

AIN

(Académie de Lyon)

BADOUX (Charles), instituteur à Pont-d'Ain, en 1907.

BERNARD, directeur d'école à Vormas, en 1910.

BERTRAND, instituteur à Izenave, en 1910.

BLANC, instituteur à Saint-Laurent, en 1910.

BONY, instituteur à Grieges, en 1910.

BOUVIER, instituteur à Saint-Jean-de-Niost, en 1910.

BRIZON, instituteur à Laiz, en 1910.

BROUILLARD, professeur Ecole normale, 16, rue Paul-Bert, à Bourg, en 1906.

BUISSON (Louis-Adolphe), professeur de musique à Pont-de-Vaux, en 1901.

CÉSAR, instituteur à Montreal, en 1910.

CHAMBARD, instituteur à Treffort, en 1910.

CHEVILLARD, instituteur, à Charnoz, en 1910.

COMBET (Casimir), instituteur à Pugien, en 1896.

DISPOT, instituteur à Bagé-la-Ville (La Boutique), en 1910.

DUPLATRE, instituteur à Vauchy, en 1910.

EVRARD, professeur Ecole normale, à Bourg, en 1910.

GADET, directeur école primaire supérieure, à Châtillon-sur-Chalaronne, en 1910.

GILLET, directeur d'école à Bagé-la-Ville, en 1910.

GOYET, instituteur à Montmerle, en 1910.

GRANDJEAN, instituteur en congé, Neyron, en 1906.

JANTET, directeur d'école à Feillens, en 1910.

LEBORGNE, directeur école communale, 18, rue des Parclairs, le Perreux, 1902.

MAGNIEN, inspecteur primaire à Nantua, en 1906.

MARET, directeur d'école à St-Rambert-en Bugey, en 1910.

MATHIEU (Achille), directeur d'école à Tenay, en 1910.

MERLE (Jean), instituteur à Bourg, en 1909.

MEUNE, instituteur à Béréziat, en 1910.

MIGNAVAL, professeur d'école normale à Bourg, en 1910.

NEYRET, instituteur à Dompierre-sur-Chalaronne, en 1910.

PARRIAULT, instituteur à St-Didier-en-Bresse, en 1892.

PERRIN (Constant-Alexandre), directeur d'école à Mézeriat, en 1910.

PICOD, directeur d'école à Ambronay, en 1910.

RATIGNAT, instituteur à Douillat, en 1910.

ROCHE, instituteur à Dommartin, en 1910.

RONZIEN, instituteur à Saint-Etienne-sur-Reyssouze en 1910

SENGISSEN (Claude-François), instituteur à Chamoise, en 1901.

THIBOUD, instituteur à Illiat, en 1910.

VAVRILLE, professeur école primaire supérieure à Belley, en 1910.

VILLIER (Auguste), instituteur à Miribel, en 1897.

AISNE

(Académie de Lille)

ABRAHAM, directeur d'école primaire, à Soissons, en 1906.

BAILLET, instituteur à Sévy-les-Mézières, par Ribemont, en 1906.

BIENFAIT, instituteur, à Vauxaillon, par Anizy-le-Château, en 1910.

BLEUSE, instituteur, à Essigny-le-Grand, en 1910.

BRUDENNE (V.), professeur à Vilquier-Aumont, en 1903.

CARTELLE, instituteur, à Séraucourt-le-Grand, en 1907.

CHASSAGNE (Paul), instituteur, à Beaurain, par Guise, en 1910.

CHEYER (Léon), instituteur, à Juvigny, par Soissons, en 1906.

CHOLET (Joseph-Julien-Gaston), directeur d'école, 19, rue Longueville, à Saint-Quentin, en 1906.

COUTEAUX, instituteur, Landouzy-la-ville, en 1908.

COUTURIER (Emile), instituteur, à Missy-le-Pierreport, en 1906, à Machecourt, par Liesse, en 1910.

DEMALIX (Louis), instituteur au Familistère de Guise, en 1906.

DEMOULIN, professeur école primaire supérieure, à Bohain, en 1910.

DIZY (Victor-Augustin), instituteur, à Leuze, par Martigny, en 1908.

DODEMAN, directeur école primaire supérieure, à Bohain, en 1899.

DUCHEMIN (Albert-Félix-Antoine), instituteur à Hirson, en 1904.

GUILLOT, instituteur à Folembray, en 1907, à La Fère en 1910.

2

GUILMOT, instituteur à Hom-
blières, en 1910.

HAZARD, instituteur à Beaumé
par Aubenton, en 1910.

HENIN (Auguste), directeur
d'école primaire, rue Mayeure,
à Saint-Quentin, en 1910.

JONGLEUX, instituteur à Frières-
Faillouel, en 1910.

JOUGLEUX, instituteur à Saint-
Quentin, en 1906.

LAGRANGE (Emile), instituteur à Crouy, en 1906.

LECERF, instituteur, école
Saint-Anne, Saint-Quentin,
en 1906.

LOCQUENEUX (Georges), instituteur à Anguilcourt-le-Sart,
par Versigny, en 1910

MARCHAND, instituteur à Pont-
Saint-Mart, par Coucy-le-
Château, en 1907.

MÉRICE (Gabriel), instituteur
à Harcigny, par Vervins,
en 1910.

MOUTET (Pierre), professeur
école primaire supérieure à
Hirson, en 1906.

SENSE, instituteur à Serches,
par Braisne, en 1907.

WATEL (Albert), instituteur à
Ognes par Chauny, en 1906.

ALLIER

(Académie de Clermont)

AUBERGIER, professeur École
primaire supérieure, 61, avenue Victoria, à Vichy, en
1910.

BAURY (jeune), instituteur à
Commentry-Pourcheroux, en
1907.

BÉRET, instituteur-adjoint à
Montluçon, en 1900.

BINET (V.), répétiteur au lycée
de Montluçon, en 1901.

BONNICHON, instituteur, rue
de Damiette, à Montluçon,
en 1906.

BOUSQUET (Pierre-Auguste),
professeur au lycée, à Moulins, en 1910.

BRAGNIER, répétiteur, Del L.,
de Montluçon, en 1909.

BUGUET, professeur agrégé de
physique au lycée de Moulins,
en 1889.

DAVAL, instituteur, à Saint-
Marcel-en-Murat, en 1910.

FONDARD (Gabriel-Abel), instituteur à La Lizolle, en 1899.

LABOURET, instituteur, Saint-
Germain-des-Fossés, en 1906.

LAVEDRINE, instituteur, à La-
maids, en 1906.

MAZELIER, sous-économe au
lycée, Montluçon, en 1906.

ROCHE (Claude), instituteur à
La Chabonne, en 1906.

ROUX (Henri-Marcel), professeur d'agriculture, Gennetines
en 1905.

SAUVINET (Edouard), censeur
au lycée, Moulins, en 1892.

TERRET (Gilbert), directeur
d'école primaire, Montvicq,
en 1910.

VERNIÈRE (Pierre), instituteur
à Saint-Bonnet-de-Four, en
1898.

ALPES (BASSES-)

(Académie d'Aix)

AILHAUD, instituteur à Entrevennes, en 1910.

AYGALLIERS (d'), professeur à l'Ecole d'agriculture, Del L.·. Saint-Auban, en 1902.

AYMES (Siméon), instituteur à Piegut, en 1910.

BAYLE (Louis), professeur Del L.·. Sisteron, en 1902.

BERTHE DE BESANCELE, professeur à Digne, en 1910.

BIDEAUD, répétiteur au lycée à Digne, en 1906.

BORDET, professeur au lycée, Villa Laucchiné, à Barcelonnette, en 1906.

BUSSON, commis d'inspection à Digne, en 1910.

CHOURREUX, inspecteur primaire à Barcelonnette, en 1908.

DAUPHIN, instituteur École supérieure, à Riez, en 1910.

DAYGALIER, directeur école agronomique à Oraison, en 1906.

FARSY, professeur de sciences naturelles à l'Ecole d'agriculture, à Oraison, en 1901.

FRANCIS, directeur École d'agriculture, à Oraison, en 1910.

HONORAT, instituteur à Digne, en 1910.

JEAN (Joseph-Emile), directeur d'école en retraite à Riez, en 1902.

LIOTARD, instituteur à Malijai, en 1910.

MAYEN, instituteur primaire à Forcalquier, en 1910.

NURRY, instituteur à Montagnac, en 1910.

ODE (Albert), instituteur à Châteauneuf, Val-Saint-Donnat, en 1910.

PETIT, professeur à l'école primaire supérieure à Riez, en 1907.

PHILIBERT, inspecteur primaire à Sisteron, en 1906.

ROQUES, inspecteur d'académie à Digne, en 1902.

TAPIE (Guillaume), inspecteur primaire à Castellane, en 1906, à Digne, en 1910.

TERRIER, professeur à Manonque, en 1910.

TROUCHE, instituteur à Villedieu-Valensole, en 1910.

TUAIRE, proviseur au lycée à Digne, en 1906.

VARS (Charles), professeur au lycée, Digne, en 1905.

VESPIER, instituteur, à Vaumeilh, en 1906, à Riez, en 1910.

ALPES (HAUTES-)

(Académie de Grenoble)

ALBRAN (Fidèle-Mar.), instituteur à Châteauvieux, en 1910.

AUBERT (Jean-Joseph), instituteur à Serres, en 1910.

BÉRARD (Pierre), instituteur à Cervières par Briançon, en 1906.

BERTHON (François), professeur au collège à Embrun, en 1906.

BEYNAT, instituteur à Cheval-let, par Orpierre, en 1906.

BONNIOT (Adrien-Félix), insti-tuteur à Embrun, en 1901.

BRÉMONT (Eugène), instituteur à Veynes, en 1910.

DAVID (Jean), instituteur à Manteyer, en 1910.

DUMONT (Joseph), instituteur à la Bâtie-Montsaléon, en 1906.

DUPORT (Joseph), professeur au collège à Briançon, en 1906.

FAURE (Auguste), directeur école primaire à Rosans, en 1906, à Oze, en 1910.

FAURE (Camille), instituteur à Gap, en 1910.

FIE (François), instituteur à Gillestre, en 1910.

GAIGNAIRE, directeur école pri-maire à la Plaisne-en-Champ-saur, en 1910.

GARAGNON (Edouard), institu-teur à Montja, en 1906.

GOT (Pierre), instituteur à Em-brun, en 1910.

JAMES (Eugène), instituteur à Fouillouse, en 1906.

JAUSSAUD (Arthur), instituteur à Serres, en 1910.

JAUSSAUD (Jean-Joseph-Victor), instituteur à Saint-Bonnet, en 1901.

JAUSSAUD (Jean-Marie), insti-tuteur, St-Bonnat, en 1910.

JAYET (Claude), professeur au collège, à Barcelonnette, en 1903.

JEAN, directeur école primaire, à Gap, en 1906.

JUGE, instituteur à Briançon, en 1910.

LEAUTAUD, instituteur à La-grand, en 1906.

LÉAUTHIER (Célestin), institu-teur à Eygliers, en 1901.

LESBROS (Charles), instituteur à Laragne en 1906, à Serres en 1910.

LIAUTHAUD (Joseph), institu-teur à Saint-Clément, en 1910.

LIGOUZA (Paul), instituteur à Valserres, en 1910.

LIOTARD, instituteur à Malijai, en 1908.

LOMBARD (Jean), instituteur à Veynes en 1906, à Sigottier en 1910.

LUSSIGNOL (Edouard), profes-seur-adjoint au lycée, 10, boulevard Lamartine, à Gap, en 1906.

MAGALLON)Antoine), répéti-teur au collège, à Embrun, en 1906.

MASSOT (Victor), instituteur à Saint-Julien-en-Beauchêne, en 1910.

MAUZAN (Auguste), professeur au lycée, à Gap, en 1906.

MAYEN, inspecteur primaire, à Forcalquier, en 1908.

MEYÈRE (Joseph), instituteur à Jarjayes, en 1910.

MICHEL, instituteur à La Piarre en 1910.

MICHEL (Florimond), institu-teur à Espinasses, en 1910.

MICHEL (Joseph), instituteur à Gleize, par Veynes, en 1906.

MILLIAT (Jean), directeur école primaire, à Veynes, en 1910.

MOINE (Marius), instituteur à Pont-du-Fossé en 1906, à Lagrand en 1910.

MOURRE (Eugène), instituteur à la Bâtie-Neuve en 1910.

PASCAL (Alphonse), instituteur à Veynes, en 1910.

PELLOUX (Jean), instituteur, à Veynes, en 1910.

PESTRE (Célestin), instituteur à Lardier, en 1910.

PESTRE (Théodore), instituteur à Glaize par Veynes, en 1910.

PEUZIN, instituteur, Eyguians, en 1910.

RAMBAUD (Arthur), instituteur à Risoul en 1906, à Ventavon en 1910.

ROBERT, instituteur à la Freissinousse, en 1910.

ROSA (Max), professeur au lycée, Gap, en 1906.

ROUSTAN (Victor), instituteur, Sainte-Colombe, en 1906.

SAINT (Jean-Fidèle-Ferdinand), instituteur en retraite, La Fare, en 1894.

SAINT-ROMAN (Léon-F.), instituteur à Mongardin, en 1910.

SALLA (Alexandre), instituteur au Poët, en 1910.

TOURNIE (Louis-Jules), commis d'économat, au lycée, à Gap, en 1910.

TROUCHE, instituteur à Villedieu-Valensole, en 1908.

VASTOR (François), instituteur au Saix, par Veynes.

VIAL (Joseph-Aimé), instituteur à Chorges, en 1910.

VILLARD (Ernest-E.), instituteur à Saint-Bonnat, en 1906, à Pelleautier en 1910.

ALPES-MARITIMES

(Académie d'Aix)

ANDOLY (Ernest), instituteur à Cannes, en 1906.

BELLE, professeur départemental d'agriculture, Nice, en 1910.

BENOIT, professeur à l'école professionnelle de cordonnerie, 18, rue Grégoire, à *Nice*, en 1902.

BOUSQUET (Éloi-Alex.), directeur École normale à Nice en 1910.

CHILINI (Marc-Aurèle), professeur au lycée, en retraite, 16, rue Gubernatis, à Nice, en 1906.

CIAIS, instituteur à Falicon, en 1910.

CLARY, directeur École normale à Nice, en 1910.

COLOMBO (Antoine), instituteur à Grasse, en 1910.

DAUMAS, instituteur à Grasse, en 1910.

FARAULT (Célestin), instituteur École Rothschild, Nice, en 1906.

FARAULT (Paul), instituteur, Ecole Rothschild, Nice, en 1906.

FARINOLE, professeur au collège d'Antibes, en 1906.

2

GILLIO, instituteur à Nice, Ecole de Riquier, en 1910.

GIOAN, professeur au collège de Grasse, en 1910.

GRANDJEAN, professeur au lycée de Nice, en 1908.

GRANDJEAN, professeur au lycée de Nice, en 1910.

GUÉRIN, secrétaire d'inspec tion d'académie, à Nice, en 1906.

IMBERT (Louis), instituteur, rue des Roses, Nice, en 1910.

LAURON. instituteur au Cannet, en 1908; à Villefranche-sur-Mer, en 1910.

MARCHIONI, professeur au lycée de Nice, en 1908.

MAUNIER (Marius). instituteur à Cannes, en 1906.

MICHELIS, instituteur, Saint-Laurent du Var, en 1910.

PEYRON (Sylvain), instituteur école Notre-Dame, à Nice, en 1906.

PIGUET (Auguste), instituteur, à Saint-Martin-de-Vésubie, en 1910.

PLA (Edouard), instituteur à l'école du Port, Nice, en 1906.

QUENOUILLE (Henri-Pierre), professeur au Collège, 2, avenue des Capucins, à Grasse, en 1910.

RIBOTTI, instituteur, 65, avenue Saint-Maurice, à Nice, en 1906.

RIGNAULT (Jean), professeur Ecole normale, à Nice, en 1906.

ROALDES. instituteur à l'école Saint-Etienne, à Nice, en 1906.

ROUSSELOT, professeur au collège de Grasse, en 1910.

TRUCHOT. professeur, en retraite, avenue Malausséna, 15 bis, à Nice, en 1899.

VALLIER, professeur de Mathématiques, au lycée de Nice, en 1910 (précédemment à Tournon et à Lille).

VIEIL (Jean-Baptiste) instituteur Ecole Saint-François-de-Paule, en 1906; Ecole Rothschild, Nice, en 1910.

VINCENOT, directeur d'école primaire, rue Michel-Ange, à Nice, en 1910.

ARDÈCHE

(Académie de Grenoble)

ALZAS (Charles), instituteur à Aubenas, en 1910.

BERNE, instituteur à Annonay, en 1910.

BERNE, instituteur à Gioque, en 1909; à Lavoulte-sur-Rhône, en 1910.

BOISSIN (Joseph), instituteur à Saint-Germain par Laville-dieu, en 1910.

BOURRETTE, professeur, rue Saint-Georges à Annonay, en 1901.

CHEVRIER, inspecteur primaire à Annonay en 1910.

DAYRE, instituteur à Tournon, en 1906; à Saint-Barthélemy-le-Meil, en 1910.

DUBOIS (Marius). instituteur à Saint-Etienne-de-Fontbellon par Aubenas, en 1910.

DUMARÇAY, professeur au lycée à Tournon, en 1907.

FEUILLER (Louis), directeur d'école, à Lavoûlte-sur-Rhône, en 1910.

FRAISSE (Pierre), instituteur à Saint-Marcel-lès-Annonay, en 1910.

GARNIER, instituteur à Sarras, en 1910.

LAPIERRE, instituteur public, (de la L.·. d'Aubenas, en 1907).

MOULIN, professeur au lycée de Tournon, en 1910.

ROUSSEAU (Edmond), professeur au lycée à Tournon, en 1910.

TERRADE (Justin), professeur à l'Ecole primaire supérieure, Aubenas, en 1910.

THÉRON, instituteur, loge d'Aubenas, en 1909.

VINCENT (Aug.), directeur d'école primaire supérieure, à Aubenas en 1910 ; conseiller général.

ARDENNES

(Académie de Lille)

BESTEL (Jean-Baptiste-Ferdinand), professeur à l'Ecole normale à Charleville, en 1892.

GADRAS, professeur à l'Ecole de commerce et de l'Industrie, Charleville, en 1907.

GUÉRIN (Désiré), directeur d'école publique à Sedan, en 1906.

LECOMTE (Victor), professeur de piano à Sedan, en 1898.

MANCEAUX (Achille), instituteur à Malandry, en 1906.

MATAGNE (Octave-Eugène), instituteur à Wignicourt, en 1897.

MOULIN, professeur de philosophie au lycée de Tournon, à Tain, en 1907.

NÈRE, professeur d'école primaire, à Charleville, en 1907.

PETIT, instituteur, avenue Pasteur à Charleville, en 1907.

RIQUIOR (Ferdinand), professeur au collège, Sedan, en 1906.

ROUSSEAUX (Edmond), professeur au lycée, Charleville, en 1907.

STOOL, inspecteur primaire, Rocroi, en 1906.

ARIÈGE

(Académie de Toulouse)

BERGÉ, instituteur (de la L.·. de Foix), en 1907.

DULANT, professeur au lycée de Foix, en 1905.

FOURCADE (Samson), professeur au lycée de Foix, en 1903.

MALAPEYRE, instituteur à Foix, en 1906.

PORTET (Léon). commis d'économat au lycée de Foix, en 1899.

VERGÉ (Joseph), professeur au collège de Pamiers, en 1896.

AUBE

(Académie de Dijon)

BABLON (René), instituteur, 101, rue de Paris, à Troyes, en 1906. Ecole Diderot, en 1910

BERTIN (Georges-Albert), instituteur à Bérulles, en 1909 ; à Creney, en 1910.

BILLON (Eugène), instituteur à Forges-de-Clairvaux, par Clairvaux, en 1906; à Nogent-sur-Aube, en 1910.

CAVAILLÉ (Antoine), instituteur à Urville, par Bligny, en 1906; à Bouilly, en 1910.

CHAUDRON, professeur au lycée de Troyes, en 1910.

CHEVALIER, instituteur à Lorient, en 1906; dans l'Aube, en 1910.

DOSNON (Gustave), instituteur à Longsols, par Coclois, en 1906.; à Rigny-le-Ferron, en 1910.

DOUBLOT (Charles), professeur au collège, Bar-sur-Aube, en 1906; à Gray, en 1910.

DRIGT, instituteur à Etourvy, en 1906; à Loches, en 1910.

FIRMIN (Paulin), instituteur à Mesnil-Sellières, par Piney, en 1903.

FROMONT (Camille), instituteur à Colombé-le-Sec, par Bar-sur-Aube, en 1906; à Chapelle-Vallon, en 1910.

GIBEY (Ambroise), instituteur à Nogent-sur-Aube, en 1906; à Mussy-sur-Seine, en 1910.

GIRARDIN, instituteur en congé à Précy-Saint-Martin, par Lesmont, en 1906.

GRANDJEAN (H.), instituteur, 9, rue Mirautier, Troyes, en 1906.

GRANGER (Adrien), instituteur à Balnot-la-Grange, par Chesley, en 1906.

GUEBOURG (Henri), instituteur, à Saint-Usage, par Essoyes, en 1906; à Longpré, en 1910.

HAILLOT (Louis-Gustave), instituteur, Bernon, en 1909.

HENRY, instituteur à Coursan par Evry, en 1906; à Vosnon, en 1910.

MOUGIN (J.-B.-Célestin), inspecteur de l'instruction primaire à Chaource, en 1892.

MOUGIN (Henri), instituteur, 101, rue de Paris, Troyes, en 1906; au 118, rue de Paris, en 1910.

NOBLAT (Jules-Armand), instituteur à Saint-André, près Troyes, en 1907.

PHILIPPON (Auguste), instituteur à Oujon, par Finey, en 1906; à Bailly-le-Franc, en 1910.

PHILIPPON (Auguste-Alcide-Victor), instituteur à Maizières-les-Brienne, en 1907.

RICHÉ (Charles-Alex-Maxime), instituteur public, Ecole des Trévois, à Troyes, en 1903 ; à Saint-Benoit-sur-Vanne, en 1910.

TRIBOULEY (Emile), instituteur à Viapres-le-Petit, par
Plancy, en 1906 ; à l'Abbaye-
sous-Plancy, en 1910.

TRUCHELUT (Louis), instituteur à Rosnay-l'Hôpital, en
1906.

VAUDEY (Paul-Maurice), instituteur, à Brillécourt, par
Pougy, en 1906.

VERNOCHET (Léon), inspecteur
primaire, à Bar-sur-Aube, en
1910.

ZAIGUE (Emile), instituteur, à
Chervey, en 1906.

AUDE

(Académie de Montpellier)

ALBERT (Jeune), instituteur
Ecole de la Cité, à Narbonne,
en 1906.

ANDRIEU (Jean), instituteur à
La Bastide-en-Val, en 1895.

ARAGAU (François), instituteur
à Caudeval-Moulin-Neuf, en
1906.

BARON (Célestin), directeur
école primaire, à Lézignan,
en 1906.

BOURDEL (Justin), économe au
collège à Narbonne, en 1906.

BRIZARD (Ferdinand), maître
répétiteur au Collège à Narbonne, en 1906.

BROCHIER, professeur, 3, rue
du Capitole, à Narbonne.

CASSOU, professeur Ecole normale, à Saint-Brieuc, en 1906,
à Carcassonne, en 1910.

CASTELLA (Antoine), instituteur à Sables-d'Aude, en 1906.

CAZANAVE (Auguste), instituteur à Homps en 1906.

CHOURREU (Pierre), instituteur
Ecole normale, à Carcassonne,
en 1906.

CUXAC, professeur Ecole de
commerce, à Narbonne, en
1906.

GADRAS (Léon), professeur
Ecole de commerce, 5, rue
Niquet, Narbonne, en 1906.

GILBAULT, inspecteur d'académie à Carcassonne, en 1899.

MALAVIOLE, instituteur à Chey-
lard-l'Evêque (Lozère), en
1909, à Ferrols, en 1910.

MARTIN (Elie), instituteur à
Peyriac-de-Mer, en 1906.

MÉDAU (Gabriel), inspecteur
primaire, Castelnaudary, en
1893.

MOLINIER (Jean), professeur
au Lycée de Carcassonne, en
1895.

OLIVE, directeur d'Ecole normale, Carcassonne, en 1906.

RABOUL (Raymond), directeur
école, publique, Alzonne, en
1906.

RATABOUL (Jean), instituteur,
Ecole du Bastion, Carcas-
sonne, en 1906.

RATABOUL (Pierre), instituteur,
Ecole du Bastion, Carcas-
sonne, en 1906.

VACQUIER (Alphonse), instituteur à Niort, par Esperel, en
1906.

AVEYRON

(Académie de Toulouse)

CORRÉGE (Norbert), professeur Ecole primaire supérieure Monteil, à Rodez, en 1906.

GUITARD (J.-B.), instituteur à Saujac, en 1893.

JUNQUA (Louis), professeur au lycée, 2, place de l'Olmet, à Rodez, en 1906.

PHILIPPI, instituteur à Rodez, en 1909.

RIMBAUD (Lucien-Timoléon), instituteur à Compolibat.

SIMAN (Bertrand-Jean-Marie), professeur d'espagnol au lycée et à l'école primaire supérieure Monteil, 6, boulevard Gambetta, Rodez. en 1910.

VIALA (Joseph-Emile), instituteur public à Plaisance, en 1893.

BELFORT

(Académie de Besançon)

AZZIS (Paul), directeur d'école à Granvillars, Belfort, en 1906.

BEUCLER, instituteur à Belfort, en 1910.

DUR (Michel), instituteur, rue de Cravanche, Belfort, en 1906.

FRAHIE (Constant), instituteur à Valdoie, Belfort, en 1906.

HOSTETTER (Jules), directeur d'école, rue de Cravanche, à Belfort, en 1910.

JACQUARD, directeur d'Ecole supérieure à Giromagny, en 1907.

LACREUZE (François-Xavier), instituteur, Belfort, en 1907.

LAIBE (Louis), instituteur, 51, rue du Faubourg-des-Vosges, à Belfort, en 1910.

MARÉCHAL, directeur École normale à Belfort, en 1906

MONNIER (Alfred), instituteur, rue de Cravanche, à Belfort, en 1906.

MONNIER, instituteur à Saint-Dizier, en 1910.

MURA, instituteur à Beaucourt, en 1910.

NAUROY, instituteur, à Valdoie, en 1910.

PÉTREQUIN (Lucien), instituteur, 5, rue Vauban, Belfort, en 1910.

PININGRE (Jules), instituteur, 15, rue Vauban, à Belfort, en 1910.

PY (Emile), instituteur, rue de l'Etuve, Belfort, en 1910.

ROZIER (Théodore), secrétaire d'inspection d'académie, 4, Faubourg des Ancêtres, Belfort, en 1906.

BOUCHES-DU-RHONE

(Académie d'Aix)

BAULARD, docteur ès-sciences, professeur agrégé de l'Université à Aix, en 1894.

BEGUE, professeur au Lycée, à Marseille, en 1910.

BLANCHARD professeur d'agriculture de la loge d'Aix-en-Provence, en 1909.

BONNEFOY (Charles), instituteur, 37, rue Julia, à Marseille, en 1910.

BOUDON (Paul), instituteur cours Lieutaud, à Marseille, en 1910.

BOUSQUET (Pierre), directeur École pratique industrielle, 238 rue Paradis, à Marseille, en 1910.

BOUTIN (Théodore), contremaître mécanicien, école primaire industrielle, 8, rue d'Alger à Marseille, en 1910.

CASTINEL (Marius), instituteur public, à Marseille, en 1900.

CHANUEL (Auguste), instituteur, à La Ciotat, en 1901.

CHARLES, instituteur (de la L.·. de Saint-Chamas, en 1902).

CHRISTOPHE (Joseph), instituteur, 24, rue Piasctoris, à Marseille, en 1910.

CLERIAN, directeur école primaire, supérieure à Marseille, en 1910.

COSTE, directeur d'école publique, à Aix, en 1908.

COUTELLE, instituteur, à l'Estaque, par Marseille, en 1906.

COUTELLE, instituteur, à l'Estaque, par Marseille, en 1910.

CRÉMIEUX, professeur au lycée, 25, rue Villas-Paradis, Marseille, en 1910.

DELAPORTE (René), professeur de comptabilité 83, rue Saint-Sébastien, à Marseille, en 1906.

DUREAU (Martin), instituteur, à Marseille, en 1909.

DUZES, instituteur de la loge de Miramas, en 1908.

ELBEL, professeur au lycée, à Marseille en 1910.

ESTIENNE (Pierre), directeur École normale à Aix, en 1910.

FAVRE (Emile), répétiteur au Lycée, 24, rue de l'Olivier, Marseille, en 1906.

FAVRE (Hyacinthe), professeur à Gardannes, en 1906.

FERAUT (Denis), instituteur, 146, rue Sainte-Cécile, Marseille, en 1910.

FERRIERES (Jules), professeur des Arts-et-Métiers, conseiller municipal, 7, cours d'Orbitelle, Aix, en 1894.

FLORY (Jules), professeur au Lycée, 72, rue de la République, Marseille, en 1910.

FONTANA (Marius), instituteur, 65, boulevard d'Athènes, à Marseille, en 1910.

FORNELLI, commis École pratique, 97, boulevard Corderie, à Marseille, en 1910.

FROUMENTY (Maurice), sous-directeur École pratique, 97, boulevard Corderie, Marseille, en 1910.

GALIBERT, instituteur d'une loge de Marseille, en 1898.

GAUTIÉ (Louis), professeur au Lycée, 53, rue des Minimes, Marseille, en 1910.

GAVARRY (Louis), instituteur à Marseille, en 1910.

GERARD, instituteur de la L.·. de La Ciotat, en 1907.

GIRAUD (Zéphirin), instituteur, 31, Grande Rue, à Marseille, en 1910.

GOUILLON, professeur au Lycée, 10, boulevard Marentié, Marseille, en 1910.

GRAVEROL, directeur Ecole primaire supérieure, Marseille, en 1910.

GROSS (Léon), professeur, Ecole primaire supérieure, 35, boulevard Louis-Salvator, Marseille, en 1910.

GUICHET (Louis-Jean-Baptiste), professeur, conseiller général à Marseille, en 1902.

JAUBERT, professeur à l'Ecole des Arts-et-Métiers, 28, boulevard Zola, à Aix, en 1893.

LANTERNIER, professeur de dessin, au Lycée de Marseille, en 1910.

LAVAULT (Lucien), professeur au Lycée de Marseille, en 1906.

MICHEL (Célestin), instituteur, 47, rue Vacon, Marseille, en 1910.

MICHEL-BEAUDOIN, instituteur, 47, rue Vacon, à Marseille, en 1910.

MONTEUX (Gabriel), président du Cercle Marseillais de la Ligue de l'enseignement, 70, boulevard Corderie, à Marseille, en 1910.

MULLER, professeur au lycée à Marseille, en 1910.

MURACCIOLI, répétiteur au lycée de Marseille, en 1910.

NÉGREL, instituteur (d'une loge de Marseille), en 1895.

ODDON (Auguste), instituteur, 72, rue Terrusse, Marseille, en 1910.

OLIVE (Casimir-André), professeur à l'école des Arts-et-Métiers, conseiller municipal, 10, rue des Epineaux, Aix, en 1895.

PÉLAPRAT (Max), instituteur, rue de l'Académie à Marseille, en 1910.

PELLEGRIN (Edmond-Louis), instituteur à Cabanes, en 1906.

PETIT (Léon), instituteur, Villa Clairette, Boulevard des Vagues, Marseille, en 1906.

PIÉRI, professeur au lycée, adjoint au maire de Marseille, en 1903.

PONTHIEU, directeur d'école (d'une loge de Marseille), en 1892.

POULIE, directeur d'école, Bordeaux, en 1907.

REY (Léopold), professeur école commerciale, Marseille, en 1906.

RICHAUD (André-Joseph-Napoléon), professeur-économe à l'Ecole normale d'instituteurs, Aix-en-Provence, en 1910.

ROUX (Rémy), directeur d'école publique à la Ciotat, en 1908.

SCALERO (Virgile), institution St-Just, Marseille, en 1910.

SELLON (Marius), instituteur, 34, Boulevard Gazino, Marseille, en 1910.

VERNIER, instituteur d'une L.·. de Marseille en 1900.

VIGNON, professeur au Lycée, 193, boulevard de la Madeleine, à Marseille, en 1906.

VIGROUX, instituteur à Saint-Chamas en 1910.

VIGROUX (Joseph-Marius), instituteur à Le-Ruinat-Saint-Pierre, par Marseille, en 1910.

CALVADOS

Académie de Caen

ARON (G.), professeur à la Faculté de droit de Caen en 1908.

BASCAN, professeur à l'Ecole normale, à Caen, en 1901.

BERTHONNEAU, inspecteur primaire, rue Basse, à Caen, en 1906.

BOCAGE, instituteur à Verson en 1906.

BRÉVILLE (Albert-Aug.-Louis), professeur au Lycée, rue Bicoquet, à Caen, en 1910.

CHEMIN (Albert), préparateur à la Faculté de Caen en 1910.

COUTANT, inspecteur général de l'Instruction publique, maire de Trouville en 1910, 13, chaussée de la Muette, à Paris.

DESGROUAS, professeur au collège à Condé-sur-Noireau en 1906.

DESTAILLEURS (J.), instituteur à Ouilly-le-Tesson en 1906, à Croissanville en 1910.

DOUBLET (Henri), directeur de l'école primaire, impasse Gauvigny, en 1906 ; président du Groupe fraternel de l'Enseignement du Calvados, rue de l'Arquette, à Caen, en 1910

DUCHEMIN (Fernand), instituteur en congé, rue de Caen, Trouville, en 1906.

HOULLEVIGNE (Aimé-Charles-Louis), professeur à la Faculté des Sciences, 198, rue Caponière, à Caen, en 1903.

HUE (Casimir), instituteur à Villerville en 1906, directeur d'école primaire à Lisieux en 1910.

LAURENT (Armand), professeur au Lycée de Caen en 1910.

LETERRIER, instituteur à Luc-sur-Mer en 1907, à Caen (La Maladrerie) en 1910.

LIGNIER (Octave), professeur, 70, rue Basse, à Caen, en 1910.

LORTET (Marius), préparateur à la Faculté de Caen en 1910.

MARTIN (J.-B.), professeur départemental agronome, rue Caponière, à Caen, en 1901.

NOURY, docteur, professeur à la Faculté de Médecine, 30, rue de l'Arquette, à Caen, en 1910.

PAIN, directeur d'école primaire à Livarot en 1906 ; rue de l'Arquette, à Caen, en 1910.

PIOTIN, professeur d'architecture, 4, rue des Chanoines, à Caen, en 1910.

PLANÇON (Emile), instituteur à Lion-sur-Mer en 1910.

POISNEL, préparateur au Laboratoire agronomique (Faculté des Sciences), 49, rue Caponière, à Caen, en 1906.

RENARD, agrégé de seconde au Lycée, 27, promenade du Fort, à Caen, en 1904.

SINOQUET (Amédée), inspecteur primaire à Vire en 1891.

CANTAL

Académie de Clermont

BERTON (François), professeur au Lycée, Saint-Flour, en 1907.

DIAT (Antoine), professeur au Collège, à Saint-Flour, en 1907.

FOURNIER (Noël), instituteur à Aurillac en 1904.

SARTHOU, inspecteur d'académie à Aurillac en 1910.

CHARENTE

Académie de Poitiers

BARBUT, instituteur à Aubeville en 1910.

BEGUE, instituteur à Cognac en 1910.

BÉRIGAUD, instituteur à Jarnac en 1908.

BONNAUD, instituteur à Ruelle en 1910.

BREJOUX, instituteur à Grand-Madieu en 1910.

BRUN, instituteur à Combiers en 1910.

CORMENIER, instituteur à Montrollet en 1910.

COTTET, instituteur à Saint-Amand-de-Montindreau en 1910.

DAGNAS, instituteur à Saint-Maurice par Confolens en 1910.

DANGUY, directeur de l'Ecole pratique d'agriculture et de viticulture, domaine de l'Oisellerie, par la Couronne, en 1905.

DANJOU, directeur d'école à Cognac en 1910.

DANTON, instituteur à Jurignac en 1910.

DESBORDES (Jean-Baptiste), ancien professeur à Clermont-Ferrand, à Angoulême en 1901.

DUPUY, instituteur à Toujac en 1910.

DURAND, instituteur à Cognac en 1910.

FAURE (Edmond), inspecteur primaire à Cognac en 1906.

FAURE, instituteur à Sers en 1906.

FERRAND, instituteur à Cognac en 1910.

FORT, instituteur à La Couronne en 1907.

GANACHAUD, instituteur à Genac en 1910.

GASCHET, professeur au Lycée, à Angoulême, en 1910.

GAUDIN, répétiteur au Collège de La Rochefoucault en 1910.

GRASSE (Gaston - Alexandre - Auguste - Victor), professeur de mathématiques, rue des Pilards, Barbezieux, en 1905.

GUIARD, professeur à l'Ecole professionnelle d'Angoulême en 1897.

GUILLEMAIN, instituteur à Sigogne en 1908.

LAGARDE (Henri), instituteur à Nanteuil-de-Bourzac par Salles-Lavalette en 1910.

LYSANDRE, instituteur à Confolens en 1907.

MALLO, directeur d'école primaire à Fontenille en 1906, à Cognac en 1910.

MARTIN (P.-Félix), instituteur, 24, rue Basse-de-l'Arsenal, à Angoulême, en 1910.

MAULDE, instituteur à Saint-Coutant par Champagne-Mouton en 1910.

MAUPIN, professeur au Lycée d'Angoulême en 1908.

MÉRILLAC, professeur au Collège à La Rochefoucault, en 1910.

MESNARD, instituteur à Cognac en 1910.

MOULINIER, instituteur de la L.·. de Baignes-Sainte-Radegonde en 1908.

OGIER, instituteur à Confolens en 1910.

PELLIER, instituteur à Criteuil en 1899.

PÉLOQUIN (François-Henri), professeur au Collège à Confolens en 1908.

PESSEMESSE, professeur au Lycée d'Angoulême en 1910.

PLANCHET, instituteur à Courcôme par Ruffec en 1910.

PORCHERON, directeur d'école à Ruffec en 1910.

PRINCEAU (Auguste), instituteur à Trouvérac par Baignes-Sainte-Radegonde en 1910.

REPERT, instituteur au Tatre par Baignes-Ste-Radegonde en 1910.

RIVIÈRE, instituteur à Lamerac en 1910.

SAULNIER, instituteur à Rouffiac par Aubeterre en 1910.

SENELLE, instituteur à Cherves-Chatelars par Montembœuf en 1910.

SURAUD, instituteur à Ruffec en 1910.

THILLARD, professeur au Lycée d'Angoulême en 1910.

VIDAUD, instituteur à Saint-Maurice par Confolens en 1910.

VIENNE, professeur au Lycée d'Angoulême en 1910.

VIROULAUD, instituteur à Suaux en 1908, à Balzac en 1910.

VOISIN (Jules), professeur de mathématiques à Cognac en 1883.

WALTZ, professeur au Lycée d'Angoulême en 1909.

CHARENTE-INFÉRIEURE
Académie de Poitiers

ARNUD (Emmanuel), instituteur à Saint-Thomas-du-Couac en 1904.

BARGEAS, instituteur, 109, rue du Saint-Palais, à Saintes, en 1905.

BARTHÉLEMY (Joseph-Marie-Henri), professeur au Lycée de la Rochelle en 1904 (auparavant à Vendôme).

BÉNURAUD, directeur d'école de la L.·. de Saint-Jean-d'Angély en 1906.

BERTHONNEAU, instituteur à Néré en 1906.

BIRAUD, instituteur à Chermignac par Saintes en 1910.

CHOTARD (Ulysse), instituteur à Saint-Palais-de-Phislin en 1902.

COIGNARD, professeur au Collège, 29, faubourg d'Aunis, à Saint-Jean-d'Angély, en 1904.

COUILLAUD, directeur de l'Ecole Eugène-Pelletan, à Royan, en 1910.

DOUCHAUD (Xavier), instituteur en congé à Burie en 1903.

DUFOUR (Daniel), instituteur à Royan en 1906, à Marans en 1910.

DUMONTEILLE, instituteur à Rochefort-sur-Mer, en 1906.

DUPRAT (Guillaume-Léonce), docteur ès-lettres, professeur de philosophie au Lycée, 9, rue Lefèvre, Rochefort, en 1905.

FAURE (François), instituteur public de la L.·. de Baignes en 1901.

FAVRIT, instituteur à Montendre en 1910.

FÉVRIER (Jean), instituteur à Nieul-les-Saintes en 1906.

FEYEUX, instituteur à Muron en 1910.

FOURNIER, instituteur à Landrais en 1906.

FRAPPIER, instituteur à Saint-Martin-de-Ré en 1908.

GILBERT (Louis), instituteur à Royan en 1906.

GIRARD (Louis), instituteur à Saujon en 1906.

GORRIN (Ulysse), instituteur à Montendre en 1906.

HÉON (Charles), professeur au Lycée, à Rochefort, en 1906.

LOUIS, directeur de l'école communale, rue Gambetta, à Saint-Jean-d'Angély en 1892.

MAGEAU, instituteur à Echebrune par Pons en 1906.

MERCERON, instituteur à Saint-Agnant en 1906. .

MERCIER, instituteur à Fléac par Pons en 1902.

MÉRIOT, instituteur à l'Hommeau par Nieul-sur-Mer en 1906.

MOTHU, instituteur école de Château-Gaillard, à Rochefort-sur-Mer, en 1906.

PÉRARD, instituteur à Nantillé en 1906, à Thors-par-Matha en 1910.

PERDRIAT (Ulysse), instituteur à Bazanges en 1899.

PORTRON (Honoré), instituteur à Palais-sur-Mer en 1906.

RENAUD (Basile), instituteur à Aulnay en 1898.

RENOU, instituteur à Etaules en 1906.

ROBIN (Théophile), instituteur à Burie en 1906, à Royan en 1910.

ROUSSE (Eugène), instituteur à St-Martin-de-Caux en 1902.

ROUX (Victor-Henri), directeur d'école publique à Pons en 1896.

SACSY, instituteur à Le Douhet par Saintes en 1900.

SAVINEAU (François), instituteur-adjoint, Le Thon, en 1895.

SICARD, instituteur aux Nouillers par Saintes en 1906.

SIMONET, répétiteur général au Lycée, de la L.·. de Rochefort en 1903.

TRAIN, instituteur à Mazeray par Saint-Jean-d'Angély en 1910.

TURPAUD, instituteur à Saint-Froult par Soubise en 1910.

VIGIER, instituteur à Les-Eglises-d'Argenteuil en 1906.

VOLLETTE, instituteur à Mornac en 1906.

CHER

Académie de Paris

ABADIE (Michel), instituteur à Bigny-Vallenay en 1910.

BOUGRAT, instituteur à Saint-Florent, en 1906, à Bourges, 30, rue Blanqui, en 1910.

BOURDALOUE (Charles), instituteur à la Chapelle-Saint-Ursin, par Bourges, en 1910.

BRUNEAU (Henri), instituteur adjoint, 74, rue Bourbonnoux, à Bourges, en 1910.

DEBRET, instituteur à Uzay-le-Venon en 1910.

DUMARÇAY, professeur au Lycée de Bourges en 1908.

GARNIER, professeur à l'Ecole normale, à Bourges, en 1906.

GAUTHIER (Patient), instituteur à Ivry-le-Pré en 1910.

GIMONET, instituteur à l'Ecole nationale professionnelle, à Vierzon, en 1904.

GOUDINOUX (Pierre), instituteur à Méneton-Salon en 1910 (avant à Sancerre).

GRÉMILLOT (Frédéric-Henri), directeur d'école primaire en retraite, Asnières-les-Bourges, en 1910.

JUTTIN (Emile), instituteur à Massay en 1910.

LEBRUN, instituteur en 1907 rue Nicolas-Leblanc; en 1910, 9, rue Joyeuse, à Bourges.

MERCIER (Cyprien), instituteur à Menetou-Salon en 1910.

MIGET (Jean-Louis), instituteur à Léré en 1901.

MORIN (Arthur), instituteur à Chambon, par Bigny-le-Vallenay, en 1910.

PATUREAU (Simon), instituteur, anciennement à Argent, en 1906.

RÉTIL (François), professeur à l'école de Vierzon en 1897.

RIDET (Prosper), instituteur à Vailly en 1910.

TAON (Rodolphe), instituteur à Linières en 1901.

TORTRAT (Abel), instituteur, rue Nicolas-Leblanc, Bourges, en 1910.

THOMAS (Victor), instituteur à Plou par Charost en 1906, à Saulzais-le-Potier en 1910.

VACHERAT, instituteur à Saint-Amand, en 1910.

VASSORT (Charles), instituteur à Sancerre, en 1910.

CORRÈZE

Académie de Clermont

ARSAC, instituteur à Lapleau en 1896.

AUSSOLEIL (François), professeur au Collège, 2, rue Docteur-Verlhac, à Brive en 1907.

BÉRANGER (Anglès), répétiteur au Collège à Tulle en 1906.

BILLOT, instituteur à Affleux, par Treignac, en 1910.

BOURGOIN, ancien professeur à la Roche-sur-Yon et à Périgueux, inspecteur d'Académie à Tulle en 1892.

BOURGUET (L.), instituteur-adjoint à Brive en 1885.

CHANUT, instituteur à Jugeals en 1885.

CHASSAING, instituteur à Veix, par Treignac, en 1910.

CHASSAING, instituteur à St-Clément, par Seilhac, 1910.

ESPINOUS, instituteur à Tulle en 1885.

FARGUES, instituteur à Agen en 1897.

FERRIER père, directeur de l'Ecole laïque à Brive en 1885.

FERRIER fils, professeur au Collège à Brive en 1885.

FIEYRE, professeur au Lycée, 1er adjoint au maire de Brive en 1906.

FOURNIAL, instituteur à Bouquet en 1885.

GALANDY, instituteur à Allassac en 1885.

GAUTHIER, instituteur à Tulle en 1910.

LACHAMBRE, instituteur à St-Julien-Maumont, par Meyssac, en 1906.

LAUMOND, directeur de l'Ecole primaire, en retraite, à Tulle, en 1910.

LONGAUD, professeur de philosophie au Collège de Brive en 1885.

LORTHOLARY, instituteur, conseiller départemental à l'Ecole des Portes-Chanac, à Tulle, en 1910.

MASDRANGES, instituteur de la loge de Brive en 1905.

MAUDUCHER, instituteur à Brive-la-Gaillarde en 1910.

PASCAREL, instituteur à Mauzanne-de-Treignac en 1906, en retraite à Chamberet en 1910.

PASQUET (Jean), instituteur à Lafeuillade, par Larche, en 1910.

PEYRAGA, professeur de philosophie au Collège de Brive en 1898.

PRADIER, instituteur à Estivaux, par Vigeois, en 1906.

PRAUDEL, instituteur à Curemonte en 1885.

RÉBEIX, instituteur à Larche en 1885.

RIBEYROLLES, instituteur à Malemort, par Brive, en 1901.

SICARD, professeur de dessin à Brive en 1885.

SOURIE, instituteur à Ussac, par Brive, en 1904.

SURCHAMP, instituteur à Yssaudon, en 1885.

TEILHET, instituteur à Lagraulière en 1910.

THUROT, professeur au Collège à Brive en 1910.

TINLOT, instituteur à Saint-Angel en 1910.

TUREAU, professeur au Collège de la L.·. de Brive en 1907.

VERDIER, instituteur à Saint-Ybard en 1885.

CORSE

Académie d'Aix

ALFONSI, instituteur à Bastia en 1905, rue des Ecoles à Ajaccio en 1910.

ALPHONSI, instituteur à Uciana, par Bocugnano, en 1906.

ARIE (Jean), professeur à l'Ecole agricole d'Ajaccio en 1906.

BARBAS (Henri), professeur au Lycée à Bastia en 1906.

BARTOLI, professeur à l'Ecole agricole d'Ajaccio en 1906.

BASTARD, surveillant général au Lycée à Bastia en 1906.

CACHARD, inspecteur primaire à Bastia en 1906.

CAITUCOLI (François), professeur au Collège à Corté en 1906.

CAMPANA (Antoine-André), instituteur à Loreto-di-Casinca en 1906.

CECCALDI, professeur à l'Ecole d'agriculture d'Ajaccio, en 1910.

CINTRAT (Georges), instituteur-surveillant à l'Ecole agricole d'Ajaccio en 1906.

DAMIANI (Joseph), instituteur à Bastia en 1904.

DIAMANI, instituteur à Bastia en 1907.

FAYET, professeur de mathématiques au Collège d'Ajaccio en 1906.

GIABICANI (don Charles), instituteur public à Sisco en 1907.

GOUGOT, professeur d'Ecole normale à Ajaccio en 1906.

GRANDJEAN, professeur au Lycée de Bastia en 1906.

LAURENCIN, directeur d'Ecole normale à Ajaccio en 1906.

LE GUILLOCHEL, inspecteur primaire à Calvi en 1910.

LENTALI, professeur de classe élémentaire au Collège d'Ajaccio en 1906.

LIVRELLI, professeur d'Ecole normale à Ajaccio en 1906.

LIVRELLI, instituteur à Cargèse en 1906.

LORENZI (Dominique), directeur d'Ecole à Bastelica en 1907.

LORENZI (Pierre-Dominique), instituteur public à Poretto-Brando en 1906.

MAESTRACCI (Ange-Marie), professeur honoraire, 17, rue de l'Opéra, à Bastia, en 1902.

MANENTI, professeur au Lycée de Bastia en 1906.

MARCHIONI, professeur d'agronomie au Collège Fesch, à Ajaccio, en 1906.

MINIGHETTI, économe au Collège d'Ajaccio en 1906.

MINIGHETTI, économe au Lycée à Bastia, en 1906.

NIVAGGIONI (Charles), professeur au Collège à Corté en 1907.

PENCIOLELLI (B.), instituteur à Cardo en 1906.

PÉRINI (Olivier), instituteur à Ajaccio en 1909.

PERRENOT (Charles), professeur d'Ecole normale à Ajaccio en 1906.

PIERLOVISI (Martin), répétiteur au Lycée de Bastia en 1906.

RETOLÉ (Jean), instituteur, place Saint-Nicolas à Bastia, en 1906.

ROUXBEDAT, professeur d'Ecole normale à Ajaccio en 1910.

SORBA (Jean), instituteur à Bastia, en 1906.

VADELLA (Jean-Marie), directeur d'Ecole à Cervione, en 1907.

VERSINI, instituteur à Cargèse en 1906.

ZECAVO, répétiteur au Collège d'Ajaccio en 1906.

COTE-D'OR
Académie de Dijon

BARBEY (Félix-Adrien-Prosper), instituteur à Fontenelle en 1907.

BARD (Bernard), instituteur à Chorey en 1886; à Beaune en 1911.

BERROD (Ildephonse-François), professeur à Beaune en 1886.

BONNARD (Louis), instituteur à Montbard en 1906; à Brétigny en 1911.

BOURELIER, instituteur à Vauchignon, par Nolay, en 1910.

BOUTAULT, professeur d'école primaire supérieure, rue de l'Amiral-Roussin, Dijon, 1906.

CACHARD, répétiteur au Lycée de Dijon en 1907; adresse actuelle inconnue.

CHAUVENET (Denis), instituteur à Melly-sur-Rouvres en 1907.

DEMACON (Louis), instituteur à Beaune en 1886; en retraite à Vandenesse.

DEMAY, professeur d'Ecole normale à Dijon en 1910; 14, rue du Transvaal.

FOURNIER (François), instituteur public à Bèze en 1904.

GIRARDOT (Marcel), professeur à Beaune en 1886.

GUIRAL (Jean), professeur de gymnastique à Beaune en 1886.

JEANNIN (Auguste-Alphonse), professeur spécial d'agriculture à Nuits-Saint-Georges en 1903.

JOBERT (Clément), professeur à la Faculté des sciences de Dijon en 1905 ; 14, rue Brulard.

JOSSOT, professeur à l'Ecole normale de Dijon en 1906 ; rue Pasteur, 8.

LARMIGNAT, inspecteur primaire à Beaune en 1906.

MARCOTTE (Joseph), instituteur à Parenty en 1907 ; économe de l'hôpital de Beaune en 1911.

MODOT (Simon), instituteur à Mercueil en 1886.

PRINU, instituteur, boulevard Sévigné à Dijon en 1906 ; adresse actuelle inconnue.

SYLVESTRE, instituteur à Marcheseil, par Manlay, en 1910.

COTES-DU-NORD

Académie de Rennes

DELCROIX, commis d'inspection.

FIAUT (Joseph-Désiré), instituteur à Thoiré-sous-Dinan en 1898.

HELDT, directeur d'Ecole primaire supérieure à Lamballe en 1910.

JOUVE, instituteur à Perros-Guirec en 1910.

LE GUILLERMIC, directeur d'Ecole primaire à Plémet en 1906, à Paimpol en 1910.

LE MOAL, directeur d'Ecole primaire à Callac en 1910.

PASQUIOU, instituteur à Brusvily, par le Hinglé, en 1910.

PUYOBRAU, économe au Lycée de Saint-Brieuc en 1906, de Brest en 1910.

TAILLARD, instituteur à Quimper-Guézennec en 1910.

CREUSE

Académie de Clermont

CASTAGNE, directeur d'Ecole primaire supérieure à Bourganeuf (P. Gard) en 1910.

GAGNANT (Léon), inspecteur primaire à Guéret en 1908.

GUÉRIN, répétiteur au Lycée de Guéret en 1910.

GUILLEMOT (Henri), professeur au Lycée de Guéret en 1910.

RAY, directeur d'Ecole primaire à la Souterraine en 1906.

ROLLIN (Nicolas), professeur au Lycée de Guéret en 1895.

ROUGERON, directeur d'Ecole primaire à Guéret en 1910.

DORDOGNE

Académie de Bordeaux

AMELINE (René), instituteur primaire, 13, rue du Gymnase, à Périgueux, en 1910.

ARTUS (Jean-Baptiste), instituteur à Excideuil en 1896.

BARLIER (Henri), instituteur à Saint-Laurent-sur-Manoir, par Périgueux, en 1910.

BERGER (C.), instituteur à Chalais, par Saint-Jory-de-Chalais, en 1906.

BERGER (Joseph), instituteur à la Chapelle-Faucher, par Saint-Pierre-de-Côte, en 1910.

3.

BESBOT (Maurice), instituteur à Urval, par le Buisson, en 1906.

BESSE (Jean), directeur d'Ecole primaire à Villefranche-du-Périgord en 1910.

BEYNIER (Albert), instituteur à Périgueux en 1897.

BOISSERIE (Gabriel), directeur d'Ecole primaire à Thenon en 1910.

BORD (Antonin), directeur de l'Ecole normale de Périgueux en 1892.

BORGOIN (Aubin), professeur au Lycée, boulevard de Vésone, à Périgueux, en 1906.

BOURDICHON (Ph.), directeur d'Ecole d'application Lakanal, rue Littré, à Périgueux, en 1910.

BOURRINET (Charles), instituteur à Fossemagne, par Thenon, en 1906.

BOURRINET (Justin), instituteur à Teyjat, par Javerlhac, en 1910.

BREUILH (Aristée), instituteur retraité, 13, place du Coderc, à Périgueux, en 1910.

BRUYÈRE (Osmin), instituteur à Saint-Léon en 1883.

CALLAME (Emile), professeur de mathématiques, 6, rue Carnot, à Bergerac, en 1906.

CHAMPARNAUD, instituteur à Le-Boudeix, par Nontron, en 1910.

CHAPOULIE (Henri), instituteur à Proissans, par Sariat, en 1910.

CHATARD (Pierre), instituteur à Trélissac en 1886.

CHAUMONT, inspecteur primaire à Nontron en 1907.

DANTOU (Félix), ancien instituteur à Périgueux en 1910.

DARVAND, instituteur à Douzillac, par Neuville-sur-l'Isle, en 1910.

DELAGE, instituteur à Augignac en 1910.

DELCROS (E.), instituteur à Saint-Saud en 1910.

DELMAS (Charles), instituteur, rue Antoine-Gadaud, à Périgueux, en 1910.

DENIS (A.), instituteur à Gabillou, par Thenon, en 1906, à Nailhac en 1910.

DESBOT (Maurice), instituteur à Urval, par Le Buisson, en 1910.

DESCHAMPS (A.), directeur de l'Ecole Saint-Martin à Périgueux, conseiller général, maire de Boulazac.

DESPON, instituteur à Saint-Vincent-de-Casse, par Saint-Cyprien, en 1910.

DUJARRI (Jean), instituteur à Sireuil, par les Eyzies-de-Tayrac, en 1906, à Saint-Chamassy en 1910.

DUROUX (A.), instituteur à Château-l'Evêque en 1910.

FAURE (Louis), instituteur à Saint-Martin-de-Ribérac en 1904.

FONGOFFIER (Albert), instituteur à Trélissac en 1906.

FRANCÈS (J.), instituteur à Mareuil-sur-Belle en 1910.

GARRIGUE (Jean), instituteur, 10, place de la Nouvelle-Halle, à Périgueux, en 1910.

GERVAISE (Pierre), directeur d'Ecole primaire à Domme en 1906, à Excideuil en 1910.

GIRAUD (Abel), instituteur à Cercles, par Latourblanche, en 1906.

GIRY (G.), instituteur à Thiviers en 1907.

GIRY, instituteur à Sarlat en 1910.

GRANGER (A.), instituteur à Thenon en 1906, à Grange-d'Ans, par Hautefort, en 1910.

GREZEL (René), instituteur à Carves, par Belvès, en 1910.

HEDOUX (Constant), commis d'inspection d'académie, rue de Bordeaux, à Périgueux, en 1910.

LACOMBE (André), instituteur à Cubjac en 1910.

LACOMBE (Baptiste), instituteur à Marquay, par Sarlat, en 1906, à Carsic-de-Carlux en 1910.

LACOMBE (Jean), instituteur, rue Sébastopol, à Périgueux, en 1906.

LACOSTE (Th.), instituteur à Saint-Geniès en 1910.

LAFONT, professeur d'agriculture, Ecole primaire supérieure, Excideuil en 1910.

LAINÉ (Eugène), instituteur public à Champs-Romains, par Saint-Saud, en 1910.

LANCEPLAINE (Edmond), instituteur à Saint-Cyprien en 1910.

LASFILLE (Paul), directeur d'Ecole primaire à Saint-Cyprien en 1906.

LEYMONERIE, instituteur à Ribérac en 1910.

LHONNEUR (A.), instituteur à Campagnac par Le Bugue en 1910.

LISOIS (Gabriel), instituteur à Miallet en 1906.

MARROIS (Henri), instituteur à Dussac par Lanouaille en 1910.

MAZEAU (Octave), instituteur à Agonac en 1910.

MIERMONT (Félix), instituteur à Le Coux en 1906, à Campagnac-les-Quercy, par Saint-Compon, en 1910.

MIHEL (M.), instituteur à Terrasson en 1906, au Parnet, par Sorges, en 1910.

MORANNY (Sicaire), directeur de l'Ecole primaire Saint-Georges à Périgueux en 1910.

MOREAU (...), instituteur à Saint-Estèphe, par Nontron, en 1910.

MOURGUÈS (Denis), instituteur public à Mauroux en 1892.

PASQUET (Louis), instituteur à Saint-Capraise, par Eymet, en 1910.

PEYRAMAURE (Jean), instituteur à Saint-Julien-de-Lampon, par Carlux, en 1910.

PEYRONY (Denis), instituteur à les Eyzies-de-Tayac en 1910.

PRADIER, professeur à l'Ecole primaire supérieure à Ribérac en 1910.

RABOISSON (Jules), directeur d'Ecole primaire à Hautefort en 1910.

REVERDEL (Pierre), directeur d'Ecole primaire à Savignac-les-Eglises en 1910.

RIGAUD (Guillaume), instituteur à Ligneux, par Sorges, en 1910.

ROCHE, professeur d'agriculture École primaire supérieure à Excideuil en 1910.

ROUX (Jean), instituteur à Mouzens, par Cyprien, en 1910.

SAUNIER (S.), instituteur à Saint-Paul-de-Serres, par Bordas en 1906, à Lacropte, par Vergt, en 1910.

SIMÉON, instituteur, rue du Plantier, à Périgueux, en 1910.

SUDREAUX (Pierre), instituteur à Genis en 1896.

SYRMEN (Louis, dit Pierre Myrens), professeur au Collège de Sarlat en 1903.

TAVERNIER (Edmond-Victor), professeur au Lycée à Périgueux en 1895.

TRAMOND (Henri), instituteur à Mauzens-Miremont en 1906, à Salles, par Belvès, en 1910.

TRUFFIER, instituteur à Nontron en 1910.

VERDIER (François-Clément), inspecteur de l'enseignement primaire à Sarlat en 1910.

VERT (Arthur), professeur au Collège à Sarlat en 1910.

VILLEFAUNET (Léon), instituteur à Saint-Laurent-la-Vallée en 1910.

DOUBS

Académie de Besançon

BARTHE (Marie-Joseph-Antoine), instituteur à Saône en 1901.

CACHARD, professeur au Collège à Montbéliard en 1910.

CHASSAGNY (Pol-Ant.), répétiteur au Lycée Carnot à Tunis en 1906.

CLÉMENT (Jules), directeur d'École publique à Morteau en 1910.

CUISENIER (Fritz), instituteur, 1, rue de la Bouteille, à Besançon, en 1887.

DIZARD, professeur au Lycée Victor-Hugo à Besançon en 1891.

DUPAS (Pierre-François), instituteur à Châtillon-Goyotte en 1892.

DUPUIS, professeur de philosophie au Collège de Montbéliard en 1910.

DURAS (Jacques), instituteur, Cours du Mont-de-Piété, à Besançon, en 1887.

FAIVRE (Auguste), instituteur à l'Isle-sur-Doubs en 1901.

FARCY (Louis-F.-A.), économe à l'École normale de Besançon en 1887.

FERRAND, instituteur à Blussangeaux, par l'Isle-sur-Doubs, en 1910.

FRIRY, inspecteur primaire à Pontarlier en 1910.

LAGARCE, instituteur à Besançon en 1910.

LANCHY, secrétaire de l'inpection académique, 3, rue Moncey, à Besançon, en 1910.

LIODON (Louis), professeur à l'École normale d'instituteurs à Besançon en 1887.

MAGNIN (Antoine), professeur à la Faculté des sciences de Besançon en 1910.

MOUSSARD (Paul), inspecteur primaire à Beaume-les-Dames en 1910.

MOUSSARD (Paul), inspecteur primaire à Baume-les-Dames en 1906.

PÉCHINÉ (Auguste), professeur au Collège à Pontarlier en 1904.

PERGAUD (Victor-Irénée-Elie), instituteur à Guyans-Vennes en 1893.

POUCHENOT (Modeste), instituteur à Besançon en 1900.

SAILLARD (Jean-Ferdinand-Em.), instituteur à Chasnaud en 1897.

VEILLET (Pierre), instituteur-adjoint à Cheffois en 1892.

DROME
Académie de Grenoble

ACHARD, instituteur en retraite à Châteauneuf-du-Rhône en 1910.

BELLE (Joseph-Emile), répétiteur au Collège de Romans en 1905.

BELLE, instituteur à Saint-Bonat en 1906.

BELLIER, professeur d'Ecole primaire supérieure à Valence en 1910.

BÉRANGER (Gédéon-Paul), instituteur à Bourg-de-Péage en 1896.

BONABERA, professeur au Collège de Montélimar en 1910.

BOUYGUES (Louis), principal du Collège à Romans en 1909.

BRUN (Emile), instituteur à Saint-Vallier en 1910.

BYARD, instituteur à Chabeuil en 1910.

CANAVAGGIA (Jean), répétiteur au Collège à Valence en 1906, à Villefranche-sur-Saône en 1910.

CHASTAING (Théodore), professeur d'Ecole primaire supérieure à Crest en 1903.

CHEVALIER (Alexandre), instituteur à Cornillac, par Rémazat, en 1906.

DUBOIS (Louis), instituteur à Tain en 1906.

ESTÈVE (Fernand), instituteur à Saint-Vallier en 1910.

FAURE (Saint-Marc), professeur à Saint-Romain-d'Albon en 1885.

FERLIN (Cyrille), instituteur à Eurre en 1910.

FERLIN (Dominique), instituteur à Ablon en 1910.

FONTÈS, directeur d'école primaire supérieure à Bourg-de-Péage en 1910.

GAUMAND (Hippolyte), ancien professeur au Lycée de Gap, professeur au Lycée de Tournon, route de Valence, à Tain, en 1910.

GAY (Paul-Joseph), instituteur à Anneyron en 1910.

GERBERT (Alcide), instituteur à Charmes, par Saint-Donat, en 1906.

GRAND (François), instituteur à Tain en 1910.

HUE, instituteur à Corneville-sur-Risle en 1907.

ISNARD, instituteur à Eroine en 1910.

MAGALLON (Félix), répétiteur au Collège de Valence en 1907.

MAGNAN (Elie), instituteur à Oriol-en-Royans en 1906.

MARIN, instituteur à Criquebœuf en 1907.

MARTY (Edouard), professeur au Collège de Nyons en 1906.

MAYENT, secrétaire d'Académie à Valence en 1910.

MICHAUX (François), instituteur à Ablon en 1906.

MICHEL (Félicien), instituteur à Larnages, par le Tain, en 1910.

MILLORIT (Raoul), professeur au Collège de Valence en 1910.

MINJOL (Louis), professeur au Collège de Die en 1907.

MORIN (Hilarion), instituteur à Boury-lès-Valence en 1906.

PÉTHAUD, instituteur à Tain en 1910.

RAILLON (Léopold), instituteur à Valence en 1910.

ROUX (Joseph), instituteur à Montfrac en 1906, vérificateur des poids et mesures à Paris, 26, place de la Nation, en 1910.

TARDY (Jules), professeur d'agriculture à la Ferme-Ecole de la Roche, par Rigney, en 1887.

EURE

Académie de Caen

BELLIER, professeur d'Ecole primaire supérieure à Valence en 1906.

BELLINGARD, instituteur à Bosquénard-Marcouville, par Bourgtherould, en 1906.

BLIE, délégué cantonal du groupe fraternel de l'enseignement à Vernon en 1910.

BUISSON (Adrien-Arsène), instituteur à Pacy-sur-Eure en 1894.

CEPPE, instituteur à Saint-Dizier-des-Bois, par La Haye-Malherbe, en 1906.

CHAMBERTIN, instituteur à Lieurey, en 1906.

CHEFDEVILLE, instituteur à la Bonneville en 1906.

COROUGE (François), instituteur à Houlbec, par Cocherel, en 1906.

DANDIN, instituteur à Saint-Vincent-du-Boulay, par Thiberville, en 1906.

DAUBICHON, instituteur à Rugles en 1907, avant à Francheville.

DELAMARE, instituteur à Léry en 1906.

DRIEUX, instituteur à Vaux-sur-Eure en 1907.

FAVIER, instituteur à Bonneville-Aptot, par Boissey-le-Châtel, en 1906.

GALMOT (Edgar), instituteur à Coubépine, par Bernay, en 1906.

GOMBERT, directeur d'école publique à Bernay, en 1910.

GOUJU (Eugène), instituteur à Haye-Malherbe en 1906.

GRAIN (Henri), instituteur à Menilles en 1906.

HUBERT, instituteur à Bréti-gny, par Brionne, en 1906.

IMBERT, instituteur à Thevray, par La Barre, en 1906.

JOUVIN, instituteur à Drucourt, par Thiberville, en 1906, à Gaillon en 1910; à Nanterre (Seine) en 1911.

LAUNAY, instituteur à Saint-Aquilin-de-Pacy en 1906.

LAVILLE, instituteur à Evreux en 1906.

LÉCAUDÉ (Eugène-Désiré), instituteur à Foulbec-Beuzeville en 1894.

LEVASSEUR, instituteur à Fresney, par Saint-André, en 1906.

MARQUETTE, instituteur à la colonie des Douaires, par Gaillon, en 1906.

MAZIMANN, professeur à l'Ecole militaire, aux Andelys, en 1890.

MOULIN, délégué cantonal du Groupe fraternel de l'enseignement à Vernon en 1910.

PETITOT (Albert), inspecteur primaire à Louviers en 1906.

PEYRET, instituteur à Vernon en 1906.

PLANTIN, instituteur à Marais-Vernier, par Pont-Audemer, en 1906.

POIROT, professeur d'agriculture au Neubourg en 1906.

RENON, délégué cantonal du Groupe fraternel de l'enseignement à Vernon en 1910.

ROCH (Léon), professeur au Collège à Bernay en 1906.

SIGNOT (Désiré-Alfred), ancien instituteur à Houlbec-Coche-rel en 1908.

SOYEZ (Camille-Alphonse), instituteur à Saint-Maclou-de-Folleville en 1907.

ZICRY, instituteur à St-Aubin-le-Guichard, par Beaumesnil, en 1906.

EURE-ET-LOIR
Académie de Paris

BONNEAU, professeur au Collège, à Nogent-le-Rotrou, en 1906.

CHANTEGRAIN (Paul-Marie-Ernest, directeur d'école à Maintenon, en 1906.

CHIQUART, instituteur à Bonneval, en 1902.

CUDEY, instituteur à Saint-Piat, en 1905.

LAVIE, instituteur à Poinville par Janville, en 1906.

LEBERT (Hector), instituteur à Jy-les-Nonains, en 1898.

FINISTÈRE
Académie de Rennes

ARNAVON (Albert), sous-inspecteur des enfants assistés à Quimper en 1907.

BALLUE, professeur au Lycée, 15, place du Château, à Brest, en 1910.

BORVO, instituteur, 22, rue Richelieu, à Brest, en 1906, à Saint-Pabu en 1910.

BUSSON, instituteur à Tréméoc en 1910.

CABOURG (Victor), instituteur, 89, rue de Paris, à Brest, en 1910.

DAMALIX (Auguste), instituteur à Quimper en 1910.

HASCOUET (Louis), professeur d'Ecole industrielle et commerciale, 53, rue Victor-Hugo, à Brest, en 1910.

HAVEL, professeur du Lycée de Brest en 1910.

JOUVE, instituteur à Plounéour-Frez en 1910.

LABADES, instituteur, 6, rue Choquet-Lindu, à Brest. en 1910.

LABINEAU (Jean), professeur à l'Ecole pratique industrielle à Brest en 1910.

LARADES, instituteur, 6, rue Choquet-Lindu, à Brest, en 1907.

LE LÉAP (Alain-Joseph), instituteur à Lanmeur en 1907.

LE MEUR (Corentin - Pierre), instituteur, 5, rue de la Mairie, à Brest, en 1910.

LE ROUX (Pierre), instituteur, 89, rue de Paris, à Brest en 1906, à Plouédern en 1910.

LOZACHMEUR, membre du groupe fraternel de l'enseignement du Morbihan à Rédené en 1910.

MESCAM (Yves), instituteur à Plouaré en 1906, à Brest en 1910.

PLONEVEZ (Louis), professeur d'Ecole d'industrie à Brest en 1910.

QUINTRIC, professeur au Lycée à Quimper en 1910.

SAVINA (Jean), directeur d'Ecole primaire supérieure à Douarnenez en 1910.

GARD

Académie de Montpellier

AFFRE (Louis), professeur d'Ecole militaire à Saint-Hippolyte-du-Port en 1910.

AGIER (Auguste), instituteur à Nîmes en 1910.

ANDRIEU (Fernand), instituteur à Branoux, par la Grande-Combe, en 1910.

ANGEVIN, instituteur à Sauzet, par Saint-Geniès-de-Malgloires, en 1910.

BASTIDE, instituteur à Cardet en 1910.

BASTIDE (Bossel), instituteur de la Loge d'Anduze en 1909.

BAYLET, professeur au Lycée à Nîmes en 1906.

BEAUREGARD, professeur d'Ecole professionnelle à Nîmes en 1910.

BENEZET (Albin), instituteur à Saint-Michel-d'Euzet en 1910.

BENEZET, instituteur à Sainte-Théodorite, par Quissac, en 1906.

BENEZET, instituteur à Tresques, par Connaux, en 1906.

BERNARD (Albert), instituteur-directeur à Nîmes en 1910.

BERTRAND, professeur d'allemand à Allais en 1906.

BIOT, instituteur à Sauveterre en 1910.

BLANC (Aimable), directeur d'Ecole à Nîmes en 1910.

BLANC, directeur d'Ecole à Saint-Gilles en 1906.

BLANC, instituteur à Bagnols-sur-Cèze en 1910.

BONICEL, instituteur à Alais en 1905.

BONICEL (Arthur), instituteur à Boucoiran en 1910.

BONIJOL, instituteur à Saint-Mamert en 1910.

BONNAUD, instituteur à la Grand-Combe en 1910.

BOUCOIRAN, inspecteur des enfants assistés, 15, avenue Feuchères à Nîmes en 1892.

BOUDET, instituteur à Gallargues en 1906.

BRÉMOND, inspecteur primaire à Alais en 1910.

CAMBE (B.), instituteur à Fourques, par Arles-sur-Rhône, en 1910.

CAPILLERY, instituteur, 30, rue Jean-Reboul, à Nîmes, en 1900, 9, rue des Bénédictins en 1910.

CARTAYRADE, instituteur à Alais en 1910.

CASTAGNE, directeur d'Ecole supérieure à Beaucaire en 1907.

CASTANIER, instituteur à Caissargues en 1906.

CAUSSANEL (Célestin), instituteur public au Vigan en 1893.

CHANSON, directeur d'Ecole primaire supérieure à Bagnols en 1906.

CHIRON, instituteur à Moutaren, par Uzès, en 1910.

COSTE (Arthur), instituteur à Alais en 1910.

COSTE, instituteur à Saint-Ambroix en 1902.

COULOMB (Alfred), instituteur à Castelnau-Valence en 1904.

COULON, instituteur à Durfort en 1910.

CRESCENT, président du groupe fraternel de l'enseignement du Gard à Vanvert en 1910.

CROUZET, instituteur à Saint-Brès, par Saint-Ambroix, en 1910.

DALEYRAC, instituteur à Gajan en 1906, en retraite à Nîmes en 1910.

DELORT (Sully), instituteur à Brignon en 1910.

DESPLAN, instituteur à Cailar en 1906, à Courbessac en 1910.

DUFES (Numas), instituteur à Aubais en 1910.

DUMAS, instituteur à Mus en 1906.

DURAND (César), instituteur à Le Cailar en 1910.

DURAND (N.), instituteur à Beaucaire en 1906.

DUSSOL, professeur de dessin au Lycée de Nîmes en 1905.

DUSSUEL, inspecteur primaire à Lodève en 1909.

FELGEIROLLES, instituteur à l'Estrechure en 1910.

FERMAUD (François), instituteur à Nîmes en 1910.

FERNAND, instituteur à Beaucaire en 1906.

FERRON, instituteur à Poligné, par Bain-de-Bretagne, en 1907.

FLAUGÈRE (Paul), instituteur à Saint-Jean-de-Maruéjols en 1907, à Le Martinet en 1910.

FONTAINE, instituteur à Alais en 1910.

FONTANA (Marius), instituteur, 65, boulevard d'Athènes, à Marseille, en 1897.

GALARY, instituteur de la L.·. de Saint-Geniès en 1903.

GALLARIC, instituteur à Mus, par Aiguerives, en 1906.

GATHIER, instituteur à Beauvoisin en 1910.

GONTARD, professeur d'allemand à Nîmes en 1909.

GRAVIN, instituteur à Nîmes en 1910.

GUEIFFIER, instituteur public à Castillon-de-Gagnières en 1910.

GUÉRIN (Eugène-Albin), directeur d'Ecole publique de Sommières, adjoint au maire en 1901, en retraite à Villeneuve-les-Avignon en 1910.

HILLAIRE, instituteur à Saint-Anastassie en 1910.

JACQUET, instituteur à Vallabrègues en 1910.

JACQUET, instituteur-directeur à Nîmes en 1906.

JEAN, percepteur (ex-instituteur) à Saint-Chaptes en 1910.

JEANJEAN, instituteur à Saint-Gilles en 1906.

JEANNIN (Victor), inspecteur primaire honoraire, bibliothécaire de la ville de Nîmes en 1906, inspecteur honoraire à Paris, 28, rue Jacob, en 1910.

JULLIAN, instituteur à Alpaillargues, par Uzès, en 1910.

JURAND, instituteur à Colognac en 1910.

LAVAL, instituteur à Cardet en 1906.

LAVAL (Félix), instituteur à Alais en 1910.

LAVILLE (Emile), instituteur à l'Affenadou, par la Grand' Combe, en 1910.

MARION (Scipion), instituteur à Sommières en 1906, percepteur à Sommières en 1910.

MARUÉJOL, instituteur à Saint-Maurice-de-Cazevielle en 1910.

MARTY, inspecteur primaire au Vigan en 1910.

MAZIER (Louis), instituteur à Aimargues en 1907, à Saint-Etienne-des-Sorts en 1910.

MOURET, instituteur à Sommières en 1910.

MOURGUES, instituteur à la Grand'Combe en 1910.

MOUTIER, instituteur à Nages en 1910.

NEYRON, professeur à l'Ecole professionnelle à Nîmes en 1906.

PASCAL (Lucien), professeur à Nîmes en 1885.

PEYRON, professeur à l'Ecole professionnelle à Nîmes en 1910.

PHILIBERT, directeur à l'Ecole normale à Nîmes en 1910.

PIC, professeur à l'Ecole supérieure à Alais en 1907.

POLIN, professeur à l'Ecole normale à Nîmes en 1906.

PONS (Léon). instituteur à Val-labrègue en 1904.

POUGET (Fernand), instituteur à Saint-Dézéry en 1910.

PUECH (Louis), instituteur à Aiguesvives en 1907, à Beau-caire en 1910.

RANDON, instituteur à Fourques en 1910.

REMEZY (Elisée), instituteur à Ledignan en 1910.

REY, instituteur à la Capelle, par Uzès, en 1906, à Nîmes en 1910.

RIBOT (Marius), instituteur à Aiguesmortes en 1907.

ROSSEL (Bastide), instituteur à Anduze en 1907.

ROSSEL (Jules), instituteur à Saint-Hippolyte-du-Port en 1910.

ROUVERET, instituteur à Géné-rargues en 1910.

ROUX, professeur au Lycée de Nîmes en 1906.

SALAMON (Louis), instituteur à Saint-Ambroix en 1910.

SALTRON (Bertin), instituteur, 6, rue Emile-Zola, à Nîmes, en 1910.

TEISSIER (Robert-Ferdinand), instituteur à Nîmes.

TEISSONNIÈRE (Louis), insti-tuteur à Colognac en 1907, à Pompignan en 1910.

TRIAIRE, professeur à l'Ecole supérieure à Bagnols en 1906.

VIALA (A.), instituteur à l'Ecole Doyenné à Beaucaire en 1910.

VIDAL (Emile), instituteur à Brignon en 1898.

GARONNE (HAUTE-)

Académie de Toulouse

AUGÉ (Louis-Germain), profes-seur à Toulouse en 1898.

BONNEFONT (Pierre), chef du service de l'Instruction pu-blique et des Beaux-Arts, chef de bureau à la mairie de Tou-louse en 1899.

BOULARAN (Louis), professeur au Collège de Saint-Gaudens en 1903.

BRANCARD, instituteur à Saint-Vincent-sur-Craon, par Le-Champ-Saint-Père, en 1906.

CAMICHEL (Charles-Moïse), professeur de la Faculté des sciences à Toulouse.

DALMAYRAC, instituteur à Tou-louse en 1905.

DEUMIÉ (Pierre-Albert), profes-seur d'agriculture, 28, rue de Metz, Toulouse, en 1907.

DUBOIS, professeur au Lycée, 26, rue Gravelotte, Toulouse, en 1900.

FILHOUSE, instituteur à La-garde en 1909.

GILBAULT, professeur au Lycée d'une L.·. de Toulouse en 1901.

GIRON (Antoine), inspecteur primaire à Muret en 1896.

GOMBERT (Adrien), maître ré-pétiteur au Lycée de Tou-louse en 1906.

GRAS, inspecteur primaire à Saint-Gaudens en 1907.

LAMOURÈRE, instituteur de la L.·. de Toulouse en 1897.

LEGENDRE (Ch.-Léon-Edmond, instituteur à Toulouse en 1901.

LONGAUD, ancien directeur d'école professionnelle à Orléans, directeur de l'Ecole supérieure de Toulouse en 1905.

MERCADIER, instituteur, d'une Loge de Toulouse en 1902.

PAULY, instituteur à l'Ecole de la Daurade, à Toulouse, en 1908.

RÉMOND (Antoine), professeur à la Faculté de médecine, 45, rue des Tourneurs, Toulouse, en 1901.

UFFERTE (Joseph), professeur, 9, rue Neuve-Montplaisir, Toulouse, en 1908.

GERS

Académie de Toulouse

AMARE (Jean), instituteur à Caupenne, par Nogaro, en 1910.

BRÉGAIL (Gilbert), instituteur à Montastruc en 1906, professeur au Lycée d'Auch en 1910, président du Groupe fraternel de l'enseignement dans le Gers.

BRESCON (Joseph), instituteur à Sorbets, par Nogaro en 1910.

CAPDEVILLE, instituteur à Montégut, par Auch, en 1910.

CHAPPELAN, professeur au Lycée d'Auch en 1910.

DUCLOS (Joseph), instituteur à Pessan en 1906; instituteur à Cazeaux d'Angles, par Vic-Fezensac en 1908; à Larroque-Ordan en 1910.

DUFFO (Bertrand), instituteur à Saint-Antonin, par Mauvezin, en 1906; à Artiguedieu, par Seissan, en 1910.

FEUGA (Joseph), instituteur à l'Isle-Bouzon en 1910.

GAUZIT, principal du Collège de Lectoure en 1910.

LAPEYRE (Jean), instituteur à Puycasquier en 1910.

LASSERRE, professeur au Collège de Lectoure en 1910.

NAVARRE (Jean), instituteur à Bouvées, par Mauvezin, en 1910.

NOGÈS (Emile), instituteur à Miradoux en 1902.

REJAUT (Albert), secrétaire d'inspection d'Académie à Auch en 1910.

SANJON (Octave), instituteur à Solomiac en 1910.

SARREMEJEAN (Alfred), instituteur à Auch en 1906.

SOUBDE (Jean), instituteur à Jegun en 1910.

TERRISSE (François), principal du Collège de Condom, en 1892.

TOURNON (Ferdinand-Bernard), directeur de l'Ecole communale de Condom en 1905.

VILLEMUR (Elie), instituteur à Preignan, par Auch, en 1910.

GIRONDE

Académie de Bordeaux

BALAGNÉ (Baptiste-Pierre), professeur en retraite à Pineuilh, canton de Sainte-Foy, en 1898.

BAZELAIRE (Jean), ex-instituteur à Carignan en 1892.

BERGER (Mathurin), instituteur à Bordeaux en 1909.

BONMARTIN (Paul), instituteur à Libourne en 1908.

BOPP (J.), professeur de musique, 4, rue de l'Archevêché, Bordeaux, en 1883.

BOYER (Jacques), instituteur à Madirac en 1887.

BRINON (Emile), surveillant général au Collège de Libourne en 1906.

BRISSON, instituteur primaire de la L.·. de la Réole en 1897.

CALERD (Frédéric), professeur d'espagnol, 5, rue de la Bourse, Bordeaux, en 1885.

CANNIEU (André), professeur d'anatomie de la Faculté de médecine de Bordeaux en 1899 et 1902.

CARAES (Louis-Henri), ancien professeur au Collège de Libourne en 1901.

CAZEAU (Louis), professeur de musique à Mérignac en 1883.

CHAGNEAU (Ferdinand), instituteur, 10, rue Croix-de-Seguey, Bordeaux, en 1899-1902.

CHATEAU, instituteur public (de la L.·. de Monségur) en 1900.

CHAVANIER, instituteur, 7 *bis*, rue du Bessac, Bordeaux, en 1906.

CLAVIE (Pierre), instituteur, 11, rue Solférino, Bordeaux, 1899 à 1902.

COURRIBET (Maurice), chef d'institution, 20, rue Frère, Bordeaux, en 1899-1902.

DELATTRE (Charles), professeur de musique, 115, cours d'Alsace-Lorraine, Bordeaux, en 1883.

DELLAC (Jean), instituteur, chemin Richelieu, Floirac, en 1906.

DESPAGNE (Georges), professeur à l'école d'agriculture de La Réole en 1908.

DORMOY (George-Frédéric-Abel), directeur d'école primaire, 11, rue Solférino, Bordeaux, en 1907.

DUBET (Jean), instituteur à Bordeaux en 1892.

DUFRÊCHE (Pierre), instituteur à Cavignac en 1892.

FABRE (Jean), instituteur, 89, rue Beauducheu, Bordeaux, en 1899.

FORT (Abel), directeur d'école primaire à Illats en 1906.

FRAPPIER, instituteur à Bordeaux en 1896.

GENDRON, instituteur à Escaudes, par Captieux, en 1899.

GIOBBIA (Jean), répétiteur au Lycée de Bordeaux en 1906.

GOETHALE (J.-Alexis), professeur de musique, place d'Aquitaine, Bordeaux, en 1883.

GOSSART (E.-E.-F.), professeur à la Faculté des sciences, 68, rue Eugène-Tenot, Bordeaux, en 1899-1902.

JOLYET (F.), professeur à la Faculté de médecine à Bordeaux en 1899-1902.

KUNSTLER (Joseph), professeur d'anatomie comparée et d'embryologie à la Faculté des sciences, 49, rue Duranteau, à Bordeaux, en 1899-1902.

LAFFONT (Adrien), agent de la Ligue de l'enseignement, 8, rue Combes, Bordeaux, en 1902.

LATASTE (Alfred), instituteur à Tizac-de-Galgon en 1894.

LOCHES (Armand), instituteur à Salaunes en 1901.

MANHÈS (Jean-Georges), professeur de musique, 60, rue de Patay, à Bordeaux, en 1885.

MASSIEU, directeur d'école publique de la L.·. de Teste-de-Buch en 1895.

MAURIN, instituteur à Monségur en 1906.

MAYER (Alphonse), professeur, 43, rue des Facultés, à Bordeaux, en 1887.

MONTALIEU (Jean), instituteur à Vayres en 1908.

ORTET (Pierre), professeur de musique à Bordeaux en 1900.

PERRIN (Jean), directeur de l'Ecole communale de Saint-Augustin à Bordeaux en 1887.

RECHOU (François), chef d'institution, 81 bis, rue de Pessac, à Bordeaux, en 1902.

ROUSSEAU (Vital), professeur, 99, rue de Belfort, à Bordeaux, en 1885.

SABEAU (Clovis-Hugues), instituteur-adjoint à Pessac en 1905.

SARRAZIN (Léon-Ern.), professeur de gymnastique, 133, rue Mouneyra, à Bordeaux, en 1883.

SAUBESTE (Albert), instituteur-adjoint à Bordeaux en 1902.

SENDRÈS (Didier), inspecteur primaire, 16, rue Tourat, à Bordeaux, en 1887.

SKLENARD (Pierre-Ernest), professeur au Collège de Libourne en 1908.

SONS (Jean), instituteur-adjoint à Bordeaux en 1891.

SOULIÉ (Jean), directeur d'Ecole, 3, rue Villeneuve, à Bordeaux, en 1908.

THIBAULT (Louis), professeur au Lycée de Bordeaux en 1888.

TURBAN (Pierre), instituteur à Lamarque en 1894.

VERNIS (Bernard), professeur de musique, rue Terre-Nègre, à Bordeaux, en 1883.

HÉRAULT

Académie de Montpellier

ANDRAU, chef de travaux à l'Ecole pratique de commerce et d'industrie, 14, rue du Marché-Neuf, à Béziers, en 1906.

ANTECH, professeur au Collège de Bédarieux en 1910.

ANTONELLI, chargé de cours à la Faculté de Montpellier en 1907.

BÉNÉZECH, instituteur de la L.·. de Bédarieux en 1908.

BÉRARD (Auguste), commis de la Faculté de Droit à Montpellier en 1906.

BOISSONNET (Gabriel), professeur d'Ecole primaire supérieure à Montpellier en 1910.

BOURDIÉ, professeur au Collège de la L.·. de Bédarieux en 1894.

BRUN (Pierre), professeur au Lycée, allée des Arts, à Montpellier, en 1910.

BRUNEL, directeur de l'Ecole laïque Paul-Bert à Cette en 1898, instituteur honoraire en retraite à Castres en 1910.

CHARBONNEL (Henri), directeur d'Ecole laïque (de la L.·. de Montpellier) en 1906, directeur de l'école J.-J.-Rousseau à Montpellier, président du Groupe fraternel de l'enseignement en 1910.

CHEBANNIER (Pierre), directeur de l'Ecole laïque de Bédarieux en 1902.

COUDERC (Marcelin), instituteur à l'Ecole Louis-Blanc, 10, boulevard de Strasbourg, à Béziers, en 1905.

COUTELLE, instituteur, 15, allée des Arts, à Montpellier, en 1906, inspecteur primaire à Saint-Pons en 1910.

DEBELMAS (Ernest-Jacques), professeur à Montpellier en 1887.

FERRASSE, instituteur, conseiller général, à Montpellier en 1910.

FONTÈS, préparateur au Lycée de Montpellier en 1899.

FORTUNÉ (François), instituteur à Cette en 1908.

GARY, instituteur de la L.·. de Cette en 1899.

GOUNELLE (Jean), instituteur à Ganges en 1895.

GRANIER (Jules-Jean), instituteur à Lunel-Viel en 1908.

HICKEL (Fritz), professeur d'allemand au Collège de Béziers, 17, rue Rotonde, en 1901.

JOUÉ (Léon-Victor-Justin), professeur spécial d'agriculture et de viticulture de l'arrondissement de Béziers, 14, rue de la Poudrière, à Béziers, en 1903.

LAPORTE (Gabriel-Antoine-Paul), professeur au Conservatoire à Montpellier en 1909.

LAROZE (Augustin-Cyprien), instituteur à Sérignan en 1898.

MARTIN (Jean), instituteur à Gigeau en 1910.

MICHEL (Henri), instituteur à Montpellier en 1887.

MILHAU (Louis), instituteur à Nèze en 1910.

MILLAU (Camille), instituteur à Béziers, en 1893.

MONESTIER (Ch.-Louis-François), professeur de philosophie au Collège de Bédarieux en 1907.

MOURGUES (Auguste), inspecteur de l'enseignement primaire, 5, rue Flaugergnes, à Montpellier, en 1910.

MURATET, instituteur à Béziers en 1898.

NEUVIALLE (François), inspecteur de l'enseignement primaire, avenue de Pezénas, à Béziers, en 1899.

PALOC (Antonin-Philippe), instituteur-adjoint à Clermont-l'Hérault en 1893.

PLANCHAUT (Etienne-Théodore), directeur de l'Ecole Victor-Hugo à Cette en 1910.

VAYSSIÈRE (Gustave), instituteur à Montpellier en 1909.

ILLE-ET-VILAINE
Académie de Rennes

ABADIE (Mars-Guillaume-Robert), ingénieur agronome, professeur de génie rural à l'Ecole nationale, 10, rue Paul-Féval, à Rennes, président du groupe fraternel de l'Ille-et-Vilaine en 1910.

BEAUCHER, répétiteur au Collège de Saint-Servan en 1911.

BIZETTE (François), directeur d'école à Fougères en 1910.

BOULIAU (Fernand), instituteur au Collège de Saint-Servan en 1910.

BOUTEMY, instituteur à Bécherel en 1910.

BRICAUD, professeur Ecole normale d'agriculture à Rennes en 1910.

CHEVALLIER (A.), répétiteur au Collège de Saint-Servan en 1910.

COMPAIN, chef de culture Ecole normale agricole de Rennes en 1910.

DEVAUX (Al.), directeur d'Ecole au Champ de Mars à Rennes en 1910.

DUJARDIN, professeur au Collège de Saint-Servan en 1910.

EMERY, directeur d'école à La Guerche-de-Bretagne en 1910.

EVENO (Pierre-Marie-Ferdinand), professeur de mathématiques, Ecole d'agriculture à ... on en 1905.

FERRON (Al.), instituteur, rue Alphonse-Guérin, à Rennes, en 1910.

FEUILLARD, instituteur à Trans en 1910.

FOURTON (Léon), maître de conférences, Ecole normale d'agriculture à Rennes en 1910

GAIGNON (A.), instituteur, à La Fontenelle en 1910.

HÉLIE, instituteur à Vitré en 1910.

HELLEU (F.), instituteur à St-Malo en 1910.

HERVÉ (Victor), instituteur à Fougères en 1898.

KERGUENOU (Gabriel), instituteur à Hireb, par Vivier-sur-Mer en 1909, à Paramé en 1910.

LAURENT (Charles), professeur Ecole de médecine, adjoint au maire à Rennes en 1910.

LAVELLO (Gaston), professeur au Conservatoire de Rennes en 1909.

LE BARS, directeur d'école à Redon en 1910.

LEDOUX (Jules-Félix), professeur à l'Ecole nationale d'agriculture, 4, rue Alexandre-Duval, Rennes, en 1903.

LELOUP (Jules), instituteur au cours Compt, rue d'Echange, à Rennes, en 1910.

LEMETAYER, instituteur à St-Jacques-de-la-Lande, près Rennes, en 1910.

LENDORMY (Alphonse-Alex.), instituteur au Collège de St-Servan en 1910.

LESNARD (L.), instituteur à St-Meloir-des-Ondes en 1910.

LEVESQUE, professeur, rue Dauphine à Rennes, en 1907, au Collège de St-Servan en 1910.

LOISEL (Ernest), professeur au Lycée de Lorient, 8, rue du Morbihan, en 1910.

LOTTON, instituteur à Pire en 1910.

MAHÉ, instituteur à Thourie en 1910.

MIÈGE (Emile), répétiteur Ecole nationale d'agriculture, 26, boulevard de la Tour-d'Auvergne, à Rennes, en 1910.

PARISOT (Félix), professeur Ecole normale agricole, 15, boulevard de la Tour-d'Auvergne, Rennes, en 1910.

PONNAVOY, professeur Ecole d'agriculture des Trois-Croix, à Rennes, en 1910.

VOLCLAIR, instituteur à Vivier-sur-Mer, en 1910.

INDRE

Académie de Poitiers

ALLÉLY (Abel), instituteur à Châteauroux, en 1904.

BRIGAND (Charles), instituteur Châteauroux, en 1902.

CHABENAT (Marie-Léon-Joseph), instituteur à Lourouer-Saint-Laurent, en 1903.

GILLET, instituteur public, de la L.·. de Châteauroux, en 1897.

JULLIEN, professeur d'histoire au Collège d'Issoudun, en 1885.

LEFORT (Alexandre), instituteur à Niherne, en 1910.

NOGRETTE (Louis), instituteur à Lureuil, en 1897.

PANIS (Marie-Pierre-Théodore), instituteur-adjoint, Vicq-sur-Mahon, en 1907.

PÊCHERAT, instituteur, à Villentrois, en 1898.

RABATE (Edmond), ingénieur-agronome, professeur spécial d'agronomie à La Châtre en 1906.

INDRE-ET-LOIRE

Académie de Poitiers

AUBRY (Gratien-Auguste), instituteur à Luynes, en 1902.

BERGER (Théophile), instituteur en retraite, à Joué-les-Tours, en 1906.

BERLOQUIN (Léonce), instituteur, 33, rue Bretonneau, à Tours, en 1906.

BERQUEZ (Constant-François), instituteur en congé à Tours, en 1900.

BLANC (Jean), instituteur à Cerelles, par Rouziers, en 1906.

BRAULT, instituteur, de la L.·. de Chinon, en 1902.

BRENET, professeur au Lycée à Tours, en 1906.

CARPENTIER, instituteur à Saint-Symphorien, par Tours, en 1906.

4

CHARRIOU (Camille), instituteur à Bréhemont, en 1906.

CŒURET (Alfred), instituteur, 29, rue Alfred-de-Vigny, à Tours, en 1906.

CORDIER, professeur au Collège, à Chinon, en 1905.

CROCICCHIA (Barthélemy), professeur-adjoint au lycée Descartes, 4, impasse Grandière, à Tours, en 1906.

DARLET (Mesmin-Octave), professeur de physique au Collège de Chinon, en 1899.

DROUHAULT, professeur départemental d'agriculture, à Châteauroux, en 1901.

DUFRENNE, inspecteur primaire, La Châtre, en 1907.

DUMONTET (Jules), instituteur à Morand, par Autrèche, en 1906.

ECHARD, instituteur à Tauxigny, en 1906.

GASNIER, instituteur à La Membrole, en 1904.

GUILLOUX (Jean), instituteur, groupe Mirabeau, Tours, en 1906.

HUGUET, instituteur à Sassiergues-Saint-Martin, en 1903.

JOUBERT (Théophile), instituteur à Esvres, en 1906.

MARCHADIER (Léon), instituteur à Veretz, en 1906.

MARCHAISSE, instituteur à Chançay, en 1906.

MARTIN, professeur d'agriculture, rue de Chazel, à Tours, en 1905.

MARTIN (Jules), instituteur à La Roche-Clermault en 1906.

NIPOU (Bernard), instituteur à Rochecorbon, en 1906.

NOEL (Fernand), instituteur, 20, quai Paul-Bert, à Tours, en 1906.

TATOUT, instituteur à la Tour-Saint-Gelin en 1906.

ISÈRE

Académie de Grenoble

AGUIARD-CORDEY (Joseph), instituteur, à Saint-Antoine, en 1897.

ALET (Léopold), professeur au Collège de Vienne en 1910, président du Groupe fraternel de l'Enseignement de l'Isère.

BABUT (Francis), professeur de dessin au collège de Vienne, en 1910.

BARBIER (Joseph), instituteur, à Royon, en 1900.

BEAU (Joseph), instituteur à Vienne en 1910.

BORDIER (Arthur-Alexandre), directeur de l'Ecole de médecine et de pharmacie à Grenoble, en 1906.

BOREL, directeur de l'Orphelinat laïque des garçons, à Voiron, en 1910.

BOURDIN (Louis), professeur à l'Ecole supérieure, 17, rue de Bonne, à Grenoble, en 1909.

BROTTET (Auguste), professeur à l'école Vaucanson, à Grenoble.

BRUN (Alfred), instituteur à Vienne, en 1910.

COLLILIEUX, professeur hononaire, 33, avenue Thiers, à Grenoble, en 1906.

FABRE (Joseph-Barthélemy), instituteur à Cognin.

FAVRE, instituteur à Voiron, en 1910.

LAMBERT (Eugène), instituteur à Vienne, en 1910.

• MAGALLON, répétiteur au Collège de Vienne, en 1910.

MALLEN, instituteur à La Villette-de-Saint-Laurent-du-Pont, en 1910,

MEUNIER-CARUS, instituteur à La Salle, en 1902.

MONOT, instituteur à Pont-Evêque, en 1910.

MOURET (Victor), professeur, de la Loge de Grenoble, en 1892.

NORMAND (Joseph-Antoine), instituteur à Septème en 1906.

PERRIOLAT (Louis-Joseph), professeur au Collège de Vienne, en 1899.

PICAUD (Charles-Albin), maître répétiteur à Grenoble, en 1907.

PICHAT, directeur d'école communale, à Voiron, en 1910.

PINELLI (Jean-Luc), répétiteur au lycée de Grenoble en 1906.

ROMANET (Alex.), instituteur, 16, rue de Billerey (Grenoble) en 1908; 15, boulevard Edouard-Rey en 1910.

THÉVENIN (Antoine), instituteur, Saint-Jean-de-Bournay, en 1899.

THOMASSEY, professeur au Collège de Vienne, en 1910.

JURA

Académie de Besonçan

AUTHIER, avocat, professeur au Collège à Saint Claude, en 1910.

BARRIOD, répétiteur à l'Institution des Sourds-Muets, 254, rue Saint-Jacques, en 1907; instituteur à Septmoncel, en 1910.

BAUDAT, instituteur à Beauvoisin, en 1910.

BERTHE (Jean-Baptiste), instituteur au Deschaux, en 1900.

BLANC (Jules-César), directeur d'école, à Saint-Claude, en 1910.

BRIDE (Jules) instituteur à Germigney, par Crissey, en 1910.

CAMART, professeur au Collège, 22, place Nationale, à Poligny, en 1910.

CHAPPELAND (Jules), instituteur à Saint-Pierre, par Saint-Laurent, en 1910.

CHAUDRON, professeur d'histoire au Collège, à Poligny, en 1906.

GILLE (Léon), instituteur à Gillois, par Vozeroy, en 1906; à Saint-Loup en 1910.

CROLET (Jules), instituteur à Saint-Claude, en 1910.

DEMOUGEOT, directeur d'école à Poligny, en 1910.

FLAMIER (Ulysse), instituteur à Viry, en 1910.

GRANDCLÉMENT (Hubert), instituteur à Bois-d'Amont, en 1909.

GUYON (Romain), instituteur à Lamoura, en 1910.

JACQUIN, instituteur à Montmirey-la-Ville, en 1910.

JENOT (Abel), instituteur à Saint-Amour, en 1910.

JULIEN instituteur à Champagney, en 1910.

LANAUD, instituteur à Chevigny, en 1910.

LAURIAUX (Just), instituteur à Rainans, par Dôle, en 1905.

LEBRUN, inspecteur primaire à Saint-Claude, en 1906.

MASCLET, professeur au Collège, à Saint-Claude, en 1910.

MAYET, instituteur à Vincent, en 1910.

MICHELIN (Claude-François), instituteur à Bans, en 1903.

PÉRAD, professeur Ecole primaire supérieure, à Dôle, en 1910.

PERRUCHOT, professeur de dessin, à Saint-Claude, en 1890.

SIMONOT (Alf.-Louis-Gustave), professeur à Saint-Claude, en 1908.

VERNIER, professeur Ecole primaire supérieure, à Dôle, en 1910.

LANDES
Académie de Bordeaux

BERNATETS (Honoré), instituteur à Callen en 1899.

DOURTHRE (Jean), instituteur à Ousse-Suzan en 1906.

GLISE (Grégoire), professeur d'escrime à Mont-de-Marsan en 1904.

GUIEU, secrétaire d'inspection d'Académie à Mont-de-Marsan en 1910.

MIRABEL, sous-économe au Lycée de Mont-de-Marsan en 1910.

PATISSIÉ (Camille-Joseph), professeur à l'Ecole normale, à Dax, en 1893.

LOIR-ET-CHER
Académie de Paris

BOUCHET, instituteur à Chouzy, en 1906.

CHATEL (Axeuil-René-Antonin, instituteur à Saint-Aignan, en 1908.

HATRY, professeur au Collège, 32, rue du Mail, à Blois, en 1906.

LEPAGE, instituteur à Huisseau-sur-Cosson, en 1906.

MALAUSSÉNA (Pierre), ancien instituteur, commissaire de police à Romorantin en 1904.

PESTRE (Ernest-Henri), professeur de mathématiques au Collège, rue du Grand-Mail, à Romorantin, en 1906.

SÉVIN (Jules-Félicien-Faustin), instituteur, en Villersfaut, en 1904.

LOIRE
Académie de Lyon

ALEX (Etienne-François-Fernand), professeur à l'Ecole professionnelle de Roanne en 1896.

ATGER, directeur d'Ecole au Cergne en 1910.

BARDIAUX (Jules), instituteur, 104, rue d'Annonay, Saint-Etienne, en 1910.

BERTHELON (Emile), instituteur à Saint-Martin-en-Coailleux (La Vallette) en 1910.

BERTHELON (Irénée), directeur d'école, 26, cours Fauriel, Saint-Etienne, en 1908; directeur d'Ecole, 25, avenue Denfert-Rochereau, Saint-Etienne, en 1910.

BEROUX, instituteur à Roanne en 1910.

BLANC (Mathieu), directeur d'Ecole, 9, rue Villebœuf, Saint-Etienne, en 1910.

BLANCARD (Arthur), instituteur à Saint-Victor-sur-Loire, par Firminy, en 1908, à Bourg-Argental en 1910.

BLANCHARD (J.-Louis), instituteur à Aveizieux en 1899.

BONJOUR (Petrus), professeur d'Ecole industrielle, 6, rue L.-Merley, Saint-Etienne, en 1910.

BOREL (Louis), instituteur, 11, rue Voltaire, Saint-Etienne, en 1910.

BOURLOT (Emile), instituteur, 37, rue des Francs-Maçons, Saint-Etienne, en 1910.

BOUTIN, instituteur à Saint-Just-en-Chevalet en 1907, à Renaison en 1910.

BRIQUET, professeur d'Ecole pratique à Roanne en 1910.

BRUN, directeur de l'Ecole supérieure à Roanne en 1910.

CAILLARD (Louis), professeur d'Ecole primaire supérieure à Montbrison en 1907; 15, rue de la Caserne, Saint-Etienne, en 1910.

CHABALIER, directeur d'Ecole à Saint-Priest, par Saint-Etienne-sur-Loire, en 1906; directeur d'Ecole à Terrenoire en 1910.

CHABANCE (Paul), instituteur, rue Descours, en 1907; 21, rue Beaubrun, à Saint-Etienne, en 1910.

CHARLES (Petrus), instituteur, 68, rue de l'Isle, Saint-Etienne, en 1910.

CLAVIER (Jean), instituteur à Bard, par Montbrison, en 1910.

DECHAVANNE, instituteur, 13, rue Saint-Clair, Roanne, en 1900.

DECHEVANNE, professeur d'Ecole pratique à Roanne en 1910.

DESCROIX, commis d'inspection d'académie de Saint-Etienne en 1910.

DEVERCHERE (Claude), instituteur à l'Etrat, près Saint-Etienne, en 1910.

DOIRAT, instituteur à Pélussin en 1910.

DUBREUIL, directeur d'Ecole à Roanne en 1910.

DUPRÉ (Louis), instituteur à Lorette en 1907.

DUPRÉ, directeur d'Ecole, 20, rue Gambetta, Saint-Chamond, en 1910.

EGLY (Auguste), instituteur à Saint-Cyr-les-Vignes en 1907, à Rozier-en-Douzy en 1910.

4.

FARABET (Jules), instituteur à Cuzieux, par Saint-Galmier, en 1908 ; école annexe à Montbrison en 1910.

FARGEOT, directeur d'Ecole à Régny en 1910.

FARON, instituteur à Riorges en 1910.

FAURE (Jean), professeur à l'Ecole commerciale et industrielle de Roanne en 1910.

FAVIN (Jérôme), instituteur à La Ricamarie en 1907 ; rue Nalbenoîte, Saint-Etienne, en 1910.

FONDRY, professeur à l'Ecole pratique, Roanne, en 1910.

FONTBONNE (Louis), directeur d'Ecole primaire, 16, rue Badouillère, Saint-Etienne, en 1910.

FORET, instituteur, 8, rue du Grand-Moulin, Saint-Etienne, en 1910.

FOURNIER (Jules), instituteur à Rive-de-Gier en 1910.

GAGNAIRE (Marius), professeur à l'Ecole pratique industrielle, 12, place Fourmeyron, Saint-Etienne, en 1910.

GAUTHIER, instituteur à La Pacaudière en 1907.

GAUTHIER, instituteur à Mizérieux en 1910.

GAUTHIER (Louis), directeur de l'Ecole primaire de Saint-Etienne en 1899.

GEAY (Jean), instituteur, rue des Chappes, St-Etienne, en 1907 ; à Chambon-Feugerolles en 1910.

GÉRIN (Léon), professeur à l'Ecole primaire industrielle, Rive-de-Gier, en 1910.

GOUTORBE, professeur de la Loge de Roanne en 1895.

GOUTTENOIRE (Jean-François-Marie), directeur d'école, La Talaudière, en 1907 ; 66, rue de l'Ile, St-Etienne, en 1910.

GRAS (Philippe), instituteur à Chazelle-sur-Lyon en 1907 ; 75, rue des Passementeries, Saint-Etienne, en 1910.

GRIVOLLA (J.), instituteur, 6, place Bellevue, Saint-Etienne, en 1910.

GUILHOT (Paul), instituteur, 54, rue Gambetta, St-Etienne, en 1910.

HERBAUT (Arthur), professeur de gymnastique à Rive-de-Gier en 1899.

JOLY, instituteur, 31, rue du Bel-Air, St-Etienne, en 1910.

JOSSERAND, inspecteur primaire, 51, rue de la République, St-Etienne, en 1909.

LACROIX, professeur d'Ecole supérieure, Charlieu, en 1910.

LAGRANGE, professeur au Lycée, 9, rue d'Annonay, Saint-Etienne, en 1908.

LAROCHETTE (Jacques), professeur, St-Etienne, en 1886.

LAURENCIN, directeur Ecole normale de Montbrison en 1910.

LAURENDON, directeur d'école à Montbrison en 1910.

LAVAL, instituteur à Salvisinet en 1910.

LAVANDIER (Xavier), directeur d'école publique, 30, cours Fauriel, St-Etienne, en 1910 ; président du Groupe fraternel de l'enseignement dans la Loire.

LEBOIS (Claude), inspecteur-général de l'enseignement technique, 7, place Fourneyron, en 1908 ; 62, rue d'Annonay, Saint-Etienne, en 1910.

LESPES (Joseph), directeur de l'Ecole primaire industrielle, Saint-Chamond, en 1906.

LEYRELOUP (André-Joseph), répétiteur au Lycée de Saint-Etienne en 1909.

MALLET (Michel), instituteur, 10, rue du Grand-Gousset, Saint-Etienne, en 1910.

MARECHET, directeur d'école, 4, place Tardy, St-Etienne, en 1910.

MARION, directeur d'école, Palais de Justice, Saint-Etienne, en 1910.

MARSAC, instituteur à Izieux en 1906, à l'Horme par St-Chamond en 1910.

MARTEL (Auguste), instituteur à Moingt par Montbrison en 1910.

MARTY (Frédéric), maître répétiteur au Lycée de St-Etienne en 1892.

MASSON, instituteur à Saint-Martin-en-Coailleux en 1886.

MERLEY (Barthélemy), instituteur à La Terrasse, Saint-Etienne, en 1910.

MOISSONNIER (François), instituteur, 22, boulevard Victor-Hugo, à La Ricamarie, en 1910.

MOULIN (Antoine), instituteur, 16, avenue Denfert-Rochereau, Saint-Etienne, en 1910.

MURON, instituteur à Régny en 1910.

NOEL (Jean-Baptiste), instituteur à Magneux-Hauterive en 1899.

NOEL (Pierre), instituteur à Unieux (Côte-Quart) en 1910.

PACCARD (Antonin), directeur d'école (Côte-Chaude), Saint-Etienne, en 1910.

PATAY (Joseph), directeur d'école à La Ricamarie en 1908 ; 32, rue des Jardins, Saint-Etienne, en 1910.

PERRET (Jean-Gustave), directeur d'Ecole primaire, Saint-Nizier-sous-Charlieu, en 1903.

PEHRET, instituteur, 25, rue Coutaret, Roanne, en 1910.

PEGUET (Jean-Antoine), instituteur, 6, rue Louis-Merley, Saint-Etienne, en 1910.

PETIT (Joannès), instituteur à Valfleury par Saint-Chamond en 1910.

PIBAROT (Louis), instituteur à Valfleury par Saint-Chamond en 1906, à La Terrasse-sur-Dorlay en 1910.

PICHOUD (Augustin), professeur à l'Ecole primaire supérieure, 49, rue Michelet, en 1906 ; 22, cours Fauriel, Saint-Etienne, en 1910.

PINARDEL, instituteur à Roanne en 1910.

POYET (Antonin), instituteur à Saint-Paul-d'Uzore par Montbrison eu 1910.

POYET (Jean), instituteur, 39, rue de la Montat, Saint-Etienne, en 1910.

PRÉVOTEL (Eugène). instituteur à St-Cyr-les-Vignes en 1907, à Rozier-en-Douzy en 1910.

QUENEY (Joseph-Auguste), professeur à l'Ecole normale de Montbrison en 1900.

RAMBAUD (Sébastien), instituteur, 5, rue Ferdinand, Saint-Etienne, en 1910.

RECH (Jean), instituteur, 5, rue du Grand-Gousset, Saint-Etienne, en 1906.

RICHE, instituteur à Roanne en 1910.

RICHARDIER, directeur d'école à Sorbiers (le grand quartier) en 1910.

ROCLE (Jean), instituteur, 51, rue Polignais, St-Etienne, en 1906 ; directeur d'école à Villars en 1910.

RONDET (Michel), instituteur, 2, place Badouillère Saint-Etienne, en 1910.

SEVOZ (François). professeur d'école primaire industrielle, 21, rue Ferdinand, à Saint-Etienne, en 1910.

SOUVIGNET (Charles), instituteur, Lesigneux, en 1906.

SOYER, professeur au Lycée de Saint-Etienne, en 1910.

TARAVAUD (Louis), instituteur, Bellegarde-en-Forez, en 1907; 20, montée du Crêt-de-Roch, Saint-Etienne, en 1910.

TAULEIGNE (Jean), instituteur Saint-Chamond, en 1906 ; 14, rue Basse-des-Rives, St-Etienne, en 1910.

TESSIER (Albert), directeur d'Ecole, 10, avenue Denfert-Rochereau, Saint-Etienne, en 1910.

TEISSIER, instituteur (Loge de Saint-Etienne), en 1903.

VACHON (Antoine), instituteur, rue Limousin, à Firmigny, en 1910.

VALLÉE (Jules), instituteur, 42, rue Beaubrun, Saint-Etienne, en 1910.

VEILLON (Jean), professeur d'Ecole pratique industrielle, 57, rue de la République, Saint-Etienne, en 1910.

VERDIER (Ernest-Eugène), professeur au Lycée, 8, rue Saint-François, Saint-Etienne, en 1900.

LOIRE (HAUTE-)

Académie de Clermont

BONNISSOL, instituteur à Yssingeaux en 1898.

BRUN (Fernand), instituteur au Puy en 1900.

DUMONT, professeur à l'Ecole normale, Le Puy, en 1906.

FAURE (Jean), professeur à l'Ecole commerciale industrielle de Roanne en 1906.

GÉRENTON (Vital-F.-R.-L.), instituteur à Chavaniac-Lafayette en 1901.

LOIRE-INFÉRIEURE

Académie de Rennes

AUPIAIS (Pierre-Marie), instituteur à St-Nazaire en 1901.

AURIL (Silvestre), professeur à Nantes en 1893.

BARDON (Raphaël-François), répétiteur au Lycée de Nantes en 1887.

BEAUSSANT, inspecteur primaire à Châteaubriant en 1907.

BICHON (Victor), instituteur à Sautron en 1910.

CORREC, professeur d'agronomie à Grandjouan en 1910.

GAUDET (Marien), professeur d'escrime, avenue de Luzançay, Nantes, en 1904.

GILLET, instituteur à Nantes.

GUIHARD (Pierre), directeur d'école primaire, 18, boulevard de la Fraternité, Nantes, en 1910.

JUGEUR (Alfred), instituteur à La Boissière-du-Doie en 1898.

LARBALÉTRIER, professeur à l'Ecole d'agriculture de Grandjouan par Noizay en 1901.

MAILLOUX (Joseph-Auguste), directeur de la *Revue Internationale pédagogique*, au Loroux-Bottereau, en 1906.

NARIS (Raymond-Eugène), répétiteur au Lycée de Nantes en 1887.

TALONNEAU (Julien), directeur de l'Ecole commerciale de Nantes en 1898.

LOIRET

Académie de Paris

ARDEAU, instituteur à Bou par Chécy, en 1906.

BARTHÉLEMY, instituteur, rue Saint-Marceau, à Orléans, en 1888.

BONNET, instituteur à Coullons, en 1906.

BOULIN, professeur au Lycée, 28, quai Fort-Alleaume, à Orléans, en 1906.

BUJON, instituteur-adjoint à Orléans, en 1910.

CHENIN, professeur de rhétorique au Lycée, 36, rue de la République, à Orléans, en 1906.

CHEVALIER, instituteur à Baule, par Meung, en 1906.

CHEVALLIER, instituteur de la Loge d'Orléans, en 1909.

CHOLLET, professeur au Lycée, 2, rue Eudoxe-Marcille, à Orléans, en 1906.

COSSON, instituteur, à Combleux par Chécy, en 1906.

COUDREAU (Ch.-Désiré), instituteur à Bercy-Saint-Liphard, en 1906.

DAYMA (dit **NAMELESS**), directeur d'Ecole primaire supérieure, à Pithiviers, en 1906.

FALLEAU, professeur Ecole d'agriculture, Le Chesnay, par Montargis, en 1906.

GABRIEL, instituteur à Meung-sur-Loire, en 1906.

GAUDIN, professeur au Lycée d'Orléans, en 1910.

GOUTAILLER, instituteur, 45, faubourg Bannier, Orléans, en 1906.

GUIN, instituteur à Ormes, en 1896.

HOURY, instituteur à Boulay, par Ingré, en 1906.

HOUZÉ, ancien instituteur à Ingré, en 1888.

LESTANG, directeur de l'Ecole normale d'Orléans, en 1902.

MEYER (Hermann), professeur au Lycée d'Orléans en 1898.

MILON, directeur d'Ecole primaire, 28, rue des Charretiers, à Orléans, en 1906.

NOAILLES, professeur au Collège, Montargis, en 1906.

PAUCHET, instituteur adjoint, à Neuville-aux-Bois, en 1896.

PERRENOT (Gaston dit LEPIC), professeur Ecole primaire supérieure, Pithiviers, en 1905.

SOMBRE, instituteur, Sandillon, en 1906.

TRABUC, inspecteur primaire de la L.·. de Pithiviers, en 1892.

VIVIER, instituteur à Lorris, en 1906.

VOISSIÈRES (Sylvain-Henri-J.), instituteur public, à Orléans, en 1902.

LOT

Académie de Toulouse

BALAGAYRIE (Jean), instituteur à Gramat en 1893.

BESSIÈRES (Prosper), instituteur public à Leyme en 1901.

BOSC, instituteur d'Ecole primaire supérieure à Luzech en 1910.

BRIAT (Jean-Baptiste), instituteur à Sarrazac en 1905.

CASTE (Jean-Sylvain), instituteur public à Bagat en 1900.

CROS, principal de Collège, de la Loge de Figeac en 1909.

GUITTARD, professeur au Collège à Figeac en 1910.

ROBERT (Edouard-Louis), proviseur du Collège de Cahors en 1901.

SALGUES, professeur au Collège de Figeac, à Bauhac en 1910.

SEGALA, professeur (de la Loge de Cahors) en 1902.

VIDAL, directeur d'Ecole publique à Cahors en 1910.

LOT-ET-GARONNE

Académie de Bordeaux

BARBOTIN, instituteur à Lamarque en 1906.

BARDIN, commis à l'inspection académique d'Agen en 1883.

BAREYRE, instituteur à Saint-Barthélemy en 1910.

BAUCHOT (Auguste), maître d'armes à Agen en 1883.

BAX, professeur au Collège de Marmande en 1906.

BEDOS (Joseph), directeur d'école publique, rue de l'Etang, Marmande, en 1906.

BERGOUGNOUX, instituteur à Saint-Hilaire en 1910.

BERNIES, instituteur à Saint-Martin-Curton en 1906 ; à Port-Sainte-Marie en 1910.

BIBES, instituteur à Tonneins en 1906 ; à Duras en 1910.

BLOY, instituteur à Fauillet en 1910.

BOUSQUIER (David), instituteur à Eysses en 1902.

BRUYÈRE, instituteur à Villeneuve-sur-Lot, en 1906.

BUSQUET (Jean), instituteur à Caubel en 1892.

CANAC (Gaston), professeur au Collège de Marmande en 1883.

CASSAN, instituteur à Saint-Antoine en 1910.

CASSANY, instituteur à Sainte-Bazeille en 1906.

CASSANY (Jean-Baptiste), instituteur à Fieux en 1903.

CASTAING (Eloi), instituteur à Houlies en 1891.

CAZABAN, professeur au Collège, rue Neuve, Marmande, en 1910.

CHANTE, instituteur à Moncrabeau en 1910.

CLAVERIE (Léo), instituteur, rue Sully, Agen, en 1906.

COLOMBET, instituteur à Coussan, par Marmande, en 1906.

DEBELMAS, instituteur à Sauveterre-d'Astaffort, en 1910.

DELBERT (Maurice), ancien instituteur, papetier à Agen, en 1883.

DERENNES (Gustave), professeur au Lycée d'Agen en 1883.

DESPIN, instituteur à Saint-Martin-le-Petit, par Sainte-Bazeille, en 1900.

DUBOUCH, instituteur, Ecole Jasmin, Agen, en 1910.

DUCOS (Joseph), instituteur à Eysses, par Villeneuve-sur-Lot, en 1910.

DUFFOUR, instituteur de la Société botanique de France, 16, rue Jeanne-d'Arc, Agen, en 1910.

FABRE (Abel), instituteur à Cuzorn en 1910.

FAGET (Paul), professeur au Collège de Villeneuve en 1883.

FORT, instituteur, colonie d'Eysses, Villeneuve-sur-Lot, en 1906.

GIROD, professeur d'Ecole supérieure, Mézin, en 1910.

GOUDIN, instituteur, Astaffort, en 1906, à Montpouillan en 1910.

GUITARD, instituteur à Nomdieu en 1910.

HÉBRARD (Pierre), instituteur à Tombebœuf, en 1883.

IMBERT, instituteur à Montaut, par Villeréal, en 1910.

JACQUEMARD, inspecteur de l'enseignement primaire, Marmande, en 1883.

JEANTOU, instituteur à Lauzun en 1906.

KAES, professeur au Collège de la L.·. de Villeneuve-sur-Lot en 1895.

LACOUR, instituteur à Cazideroque, en 1907 ; à Montflanquin, en 1910.

LALANNE, instituteur à Saint-Pé-Saint-Simon, en 1910.

LENOIR (Maurice-Jules), professeur d'Ecole de commerce et d'industrie, 11, rue Hippolyte-Magen, en 1906; 97, boulevard Scaliger, Agen, en 1910; président du Groupe fraternel de l'enseignement du Lot-et-Garonne.

MARCON, instituteur à Saint-Laurent en 1910.

MAURIN, instituteur à Duras en 1907, à Meilhan en 1910.

MAURY, directeur d'école publique, Villeneuve-sur-Lot, en 1910.

MELET, instituteur en retraite à Sauveterre-d'Estaffort, en 1910.

MELET (Guillaume), directeur de l'école laïque de Marmande, en 1883.

MÉRIGNAC (Pierre-Alban), instituteur à Razimet, par Puch, en 1906.

NASSE (Paul), instituteur à Nérac en 1906; à Montagnac-sur-Auvignon, en 1910.

NOGUÈS (Jacques-Albert), instituteur à Argenton en 1905.

NOGUÈS, instituteur à Virazeil, par Marmande, en 1906.

PONS, instituteur à Heulies, par Castelgaloin en 1906; à Clairac en 1910.

PRADIER, instituteur au Temple-sur-Lot en 1910.

RAIGAL, instituteur à Fals, par Astaffort, en 1910.

RABATE (Edmond), professeur départemental d'agriculture, Agen, en 1910.

SAINT-MARTIN, instituteur, Agen, en 1910.

SAINTGES, instituteur, Villeneuve-sur-Lot, en 1910.

SARROTTE (Chéri), instituteur à Montpouillan, en 1910.

TARDIN, instituteur, Puy-Fort-Eguille, par Nérac, en 1906 ; en retraite à Sos en 1910.

TOURNIE, instituteur au Lédat, par Villeneuve-sur-Lot, en 1910.

TOURNIE (Antoine), instituteur à Soubiroux, en 1883.

TOURNIER, instituteur au Ledat, par Villeneuve-sur-Lot, en 1906.

TREJAUT (Paul), instituteur à Caumont, en 1883.

TRESSEGUET, directeur d'école, Loge de Clairac, en 1908.

TREZEGUET, instituteur à la Croix-Blanche, en 1906.

TRÉZÉGUET (Fernand), directeur d'école primaire, Clairac, en 1910.

VIGOUROUX, instituteur à Lusignan-le-Grand, par Saint-Hilaire-sur-Garonne, en 1901.

YHARASSARY, instituteur en congé à Laparade en 1910.

LOZÈRE

Académie de Montpellier

AMBERT, professeur de mathématiques à Mende en 1911.

ANDRÉ (Auguste), professeur au Collège, rue Chaptal, à Mende, en 1892.

BARATHIEU, instituteur à Marvejols en 1910.

BOUDON, instituteur à Collet-de-Dièze en 1906.

BROS, instituteur à Montbel en 1906, à Pelouse en 1910.

COSTECALDE, instituteur à Marvejols en 1906.

DUMONT (Jean), professeur à l'Ecole des Industries agricoles, Douai, en 1901.

FOURNIER, instituteur à Auxillac en 1910.

HUGONNET (Marceau), professeur d'Ecole pratique, Mende, en 1910.

PAQUIER (D.), directeur d'Ecole normale, Chaumont, en 1910.

PÉPIN, instituteur à Rieutord-de-Randon en 1910.

RABANIT, instituteur à Langogne en 1906.

REDON, instituteur à Châteauneuf-de-Randon, en 1910.

REYNAT, inspecteur primaire, Marvejols, en 1906.

RIBES, professeur au Collège de Mende en 1906.

MAINE-ET-LOIRE

Académie de Rennes

BERNARD, surveillant à l'Ecole des Arts-et-Métiers d'Angers en 1906.

FEBVRE (Etienne), instituteur à Saint-Georges-Chatelaison en 1908.

GIRARD (Jean-Louis), directeur d'Ecole, 153, rue Saumuroise, à Angers, en 1906.

GUICHARD (Georges), instituteur à Commer en 1895.

GUILLOREAU (Louis-Pierre) instituteur à Montfaucon en 1902.

LEHOUX, instituteur à Nyoiseau, par Segré, en 1908.

LEMANCEAU (Léon-Franc), instituteur à Aubigné en 1908.

MARAIS, instituteur, rue Bodinier, Angers, en 1906.

NORMAND (Emile-Henri), instituteur à Coutures, par St-Mathurin, en 1900.

RIBREAU, inspecteur principal, Cholet, en 1906.

SIMON (François), instituteur à Angers en 1909.

THIBAULT (Alex.-Théodore), instituteur en retraite, Vieil-Baugé, en 1902.

MANCHE

Académie de Caen

AUTIN, instituteur, 3o, rue de la Cayenne, Cherbourg, en 1906; à Brillevast, par Saint-Pierre-Eglise, en 1910.

BAZIRE (René), instituteur, Ecole de les Gougins-Montebourg, Saint-Marcouf, en 1906.

BEAUMONT, directeur d'école primaire à Gennes, en 1906.

BERTRAND, instituteur, Ecole du Roule, en 1906; 5, rue Vintras, à Cherbourg, en 1910.

BLANCHET, directeur d'école primaire, rue Saint-Michel, Granville, en 1906.

BINET, instituteur, Ecole du Roule, Cherbourg, en 1910.

CAMBERNON, instituteur à Fervaches, par Tessy-sur-Vire, en 1909; à Moitiers-d'Allonne, par Barneville-sur-Mer, en 1910.

CORBET (Léopold-Pierre), instituteur, 85, rue de la Ducaille, Cherbourg, en 1906.

CORNILLEAU, professeur au Lycée, rue du Palais de Justice, à Coutances, en 1910.

DUCHESNE, inspecteur à Saint-Barthélemy, par Mortain, en 1910,

DUHOUX (Léon), instituteur à Valognes en 1906; instituteur-adjoint à Cherbourg en 1910.

FRÉMIOT (Paul-Théophile), professeur au Lycée, président du Groupe fraternel de l'Enseignement dans la Manche, 14, rue Saint-Lô, Coutances, en 1910.

FRÉMONT (A.), instituteur à Saint-Georges-de-Bohan, par Saint-Eny, en 1906; à Canisy en 1910.

GESNIER (Jean), instituteur à la Chapelle-Urée, par Brécey, en 1906; à Saint-André-de-Bohon, par Saint-Eny, en 1910.

GUENON (Auguste), instituteur à Sainte-Marie-du-Mont, en 1906; à Saint-Georges-de-Bohon, par Saint-Eny, en 1910.

HERVIEU, professeur au Collège, à Mortain, en 1910.

HEUBERT (Camille), professeur d'Ecole primaire supérieure à Carentan en 1910.

LASSERRE, professeur au Collège de Lectoure en 1909.

LÉCUYER, instituteur à Villedieu-les-Poëles en 1910.

LEFRANC (Ernest), professeur à l'Ecole normale de Saint-Lô en 1906.

LE MARINEL, professeur-économe, Ecole normale de St-Lô, en 1910.

LEQUEURRE (Georges), instituteur à Sacey, par Pontorson, en 1910.

LEVILLAIN, instituteur, 15, rue des Chapeliers, en 1906; 18, rue Dame-Jeanne-des-Touches, à Avranches, en 1910.

MAGNIN (Ernest), instituteur à Blosville en 1910.

MORIN, instituteur de l'Ecole Saint-Paul, Granville, en 1906; à Vessey, par Pontorson, en 1910.

PATRIX (Aimable), chef de musique au Lycée de Coutances en 1893.

ROBILLARD (Fernand), instituteur à l'Ecole Notre-Dame, rue Saint-Michel, Granville, en 1906; à Saint-Sénier-de-Beuvron, par Saint-James, en 1910.

MARNE

Académie de Paris

ADNET, instituteur à Orbais en 1910.

BACHELIN (Gabriel), directeur d'Ecole primaire, place de l'Hôtel-de-Ville, à Epernay, en 1910.

BERTHOZ, directeur d'Ecole à Vitry-le-François, en 1890.

BOERINGER (Albert), instituteur, rue Perdue, en 1906; rue d'Armonville, à Reims, en 1910.

BOIVIN, directeur Ecole à Ablois, en 1910.

BURGAIN, instituteur à Trois-Puits en 1910.

CAILLOT (M.), instituteur, 3, rue de la Haubette, Reims, en 1908; à Changy par Bas-suet en 1910.

CHARPENTIER, instituteur à Betheniville en 1909, à Verzenay en 1910.

DAVESNE (Paul), directeur d'Ecole primaire à Vertus en 1910.

DAVOISE, professeur, rue des Poissonniers, à Châlons-sur-Marne, en 1906.

DELAVOIX, inspecteur primaire à Lens en 1909, à Reims en 1910.

DENISE, instituteur à Pouillon, par Hermonville, en 1906; à La Villa d'Ay en 1910.

DOUILLET (Eugène), instituteur à Soudron par Bussy-Lettrée en 1906; à Baslieux-les-Fismes en 1910.

DESPIQUE, professeur au Lycée, 8, place Royale, Reims, en 1906.

DUBOIS, instituteur en retraite, à Sermiers, en 1910.

DUFAUT, instituteur à Van-deuil en 1906.

DUFOUR, instituteur, rue Saint-Laurent, à Epernay, en 1910.

DUVAL (Maurice), répétiteur à Châlons-sur-Marne en 1908.

FORESTIER (Gaston), professeur, rue de Paris, à Sézannes, en 1910.

GAILLARD, instituteur à Sacy en 1910.

GALLOT, directeur d'Ecole à Suippes en 1910.

GEOFFROY (Albert), instituteur à Brottes en 1907.

GEORGES, instituteur à Chaumuzy par Ville-en-Tardenois en 1907, à Oger en 1910.

GILET (Ferdinand), instituteur à Caurel, par Vitry-lès-Reims, en 1906; à Pouillon par Hermonville en 1910.

GUICHARD, professeur d'Ecole primaire, 5, rue Landouzy, à Reims, en 1910.

GUILLAUME, instituteur à Saint-Etienne-sur-Suippe, près Bourgogne, en 1910.

GUYOT (Louis-Albert), instituteur à Faux-sur-Coole en 1903.

HOUZIAUX, instituteur à Montigny-sur-Vesles, par Jonchery-sur-Vesles, en 1907.

JACQUOT (Léopold), instituteur à Saint-Images, par Hautvillers, en 1900; à Germaine, par Ay, en 1910.

LEFEBVRE, instituteur à Reims en 1902.

LELUAN (Gabriel-Valentin), surveillant général au Collège de Châlons-sur-Marne en 1904.

LESCUYER (Emile), instituteur, 13, rue de Mâcon, à Reims en 1910.

LOGEART, instituteur, rue Libergier, Reims, en 1910.

MANGENOT (Joseph), instituteur à Epoye, par Beine, en
1910.

MAUPINOT (Rose-Victor-
Emile), professeur au Lycée,
rue Anquetil, à Reims, en
1910.

MENISSIER, surveillant répétiteur, Ecole Arts-et-Métiers,
à Châlons-sur-Marne, en
1910.

MIGNOT (Auguste), instituteur
à Villers-Marmery, par Verzy,
en 1910.

MILAN (Emile), instituteur à
Vertus en 1906; à Somsois
en 1910.

MOUSSY (Henri), instituteur à
Talus-Saint-Prix, par Baye,
en 1910.

MUZART, directeur d'Ecole, à
Avize, en 1907; rue du Jard,
à Reims, en 1910.

PAROISSIEN (Paul-Stanislas),
professeur de greffage, Cu-
mière, en 1904.

PRIOLET, instituteur, faubourg
de Flechambault, en 1909;
rue du Jard, à Reims, en 1910.

RADET, instituteur à Dizy en
1910.

RASSELET, instituteur à Cu-
mières en 1910.

REINION, instituteur à Beine
en 1907; à Besbeniville en
1910.

REMOND, instituteur, rue d'Armonville, à Reims en 1910.,

THÉNAULT, instituteur à Ay
en 1910.

THIBAULT, instituteur à Ville-
en-Tardenois en 1910.

TREUIL (P.), instituteur, Ecury-
le-Repos, par Bergères-les-
Vertus, en 1906; à Gourgan-
çon en 1910.

MARNE (HAUTE-)

Académie de Dijon

BRESSOU (Emile), instituteur à
Graffigny en 1892.

CASSEZ, professeur départemental d'agriculture, Chaumont, en 1910.

CHABALER, instituteur à Châ-
tel-Guyon en 1906.

GAULLOT, professeur d'Ecole
normale, à Chaumont, en 1907;
directeur d'Ecole primaire supérieure, à Joinville, en 1910.

GEOFFROY (Albert), instituteur
à Brottes, en 1910.

HORIOT, instituteur de la L.·.
de Langres en 1907.

MONNIER, inspecteur primaire
en retraite (de la L.·. de Chaumont en 1907).

MUTIN (Emile), instituteur à
Nogent-le-Bas en 1910.

PAQUIER, directeur d'Ecole normale, à Chaumont, en 1910;
président du Groupe fraternel
de l'Enseignement de la Haute-
Marne.

PETTELAT, professeur au Lycée
de Chaumont en 1910.

POULLARD, directeur de l'Ecole
normale de Chaumont en
1908.

QUELLET, instituteur à Riche-
bourg en 1910.

ROUSSEL, instituteur à Bolo-
gne en 1910.

MAYENNE
Académie de Rennes

CATOIS, directeur d'Ecole à Sainte-Gemmes-le-Robert en 1910.

FAUVEL, inspecteur primaire à Mayenne en 1910.

FERARD, inspecteur primaire à Laval en 1910.

GODIN, directeur de l'Ecole annexe à Laval en 1910.

GUERRIER, instituteur à La Bazouge-de-Chemeré, par Bazougers, en 1910.

LAIR, instituteur à Jublains en 1910.

LESAINT (Louis), instituteur, 3, rue Réaumur, à Mayenne, en 1907; à Laval-Avesnières, en 1910.

LISOIS, instituteur à Montjean, par Loiron en 1907.

NAGAT, instituteur à La Poôté en 1910.

PAVIS (Armand), directeur d'Ecole primaire, rue de l'Ecole, à Laval, en 1906; retraité à Congrier en 1910.

VOLCLAIR, instituteur à Saint-Georges-Buttavent, par Mayenne en 1910.

MEURTHE-ET-MOSELLE
Académie de Nancy

BAUDOIN, instituteur à Malzéville en 1906.

BOILEAU, instituteur à Nancy en 1906.

BONDIEU, professeur au Lycée de Nancy en 1906.

BOURGEOIS (Emile), commis d'économat au Lycée de Nancy en 1906.

CHOUET (François-Théodore), instituteur à Favières en 1885.

CHEVASSUS, professeur au Collège de Pont-à-Mousson, en 1907.

CLERC, répétiteur au Lycée de Nancy en 1906.

COINCE (Symphorien B.-A.), prêtre évadé, professeur, rue des Quatre-Eglises, Nancy, en 1903.

DOHIN, instituteur à Prény en 1906.

COLLIN, professeur à Lunéville en 1906.

DUBAS, professeur à l'Ecole primaire supérieure de Lunéville en 1907.

DUBESSET, professeur de mathématiques spéciales, au Lycée de Nancy en 1906.

DUMONT (Rémy), professeur à NoTény en 1899.

ETIENNE (Jules), instituteur à Bouvron en 1905.

GEORGE, instituteur à Valhey en 1907.

GUÉRIN, instituteur à Laxou en 1910.

GUÉRIN, instituteur à Mont-Saint-Martin en 1906.

HECK, professeur de violon au Conservatoire de Nancy en 1907.

HENRY, répétiteur au Lycée de Nancy en 1906.

JEAN, instituteur à Nancy en 1906..

JOLIBOIS, directeur d'Ecole primaire à Longwy en 1906.

JOUÉ, instituteur à Jandelucourt en 1906.

KUSSE, instituteur à Nancy en 1906.

LALLEMAND, instituteur à Faulx en 1907.

LAPOINTE (Henri), instituteur à Houdreville en 1906.

LAPOINTE (Gaston), professeur au Lycée de Nancy en 1906.

MAGROU, professeur au Lycée de Nancy en 1906.

MARCHAND, professeur à l'Ecole primaire supérieure de Nancy en 1906.

MARX, instituteur à Longwy-Saint-Louis en 1906.

MORE, instituteur à Nancy en 1906.

MORINET, instituteur à Pont-à-Mousson en 1907.

MORROT, instituteur à Letricourt en 1906.

MOULUN, directeur d'Ecole primaire à Nancy en 1906.

MOUROT, instituteur à Pont-à-Mousson en 1906.

PERRENOT, inspecteur primaire à Redon, en 1909; à Lunéville en 1910.

PLAISANCE, instituteur à Saint-Maurice en 1906.

ROBERT, instituteur à Nancy en 1906.

TUGNY, instituteur, de la L∴ de Nancy en 1882.

MEUSE
Académie de Nancy

BLANCHARD (Jules), directeur d'école à Clermont-en-Argonne en 1903.

DOUBLOT (J.-B.), professeur au Collège de Saint-Mihiel en 1906.

HENRY, principal du Collège, à Etain, en 1906.

MINOT, instituteur à Neulan, par Ligny-en-Barrois, en 1906.

RAGUET (Jean-Eugène), instituteur à Villesavoye, par Fismes, en 1908.

ROGIE (Xavier-Hyacinthe), instituteur à Mognéville en 1909.

MORBIHAN
Académie de Rennes

BOUIGAND (Pierre), instituteur à Kerentrech-Lorient en 1910.

BOULIGAUD, conseiller général, instituteur (de la L∴ de Lorient) en 1907.

BREFFORT (Pierre), instituteur à Buléon, par Josselin, en 1910.

CADORET (Louis), instituteur à Lorient en 1910.

CAREL, instituteur à Caro par Carentan en 1906.

CHOTARD (Jean), instituteur à Lorient en 1910.

CORREC (Pierre), instituteur à Riantec en 1906.

COUTUREAU (Henri), instituteur à Caudan en 1910.

CRAHES, instituteur, rue Vauban, à Lorient, en 1906.

CREN (Louis-Alphonse), instituteur à Lorient.

DONI (Pierre-Louis-Marie), directeur des cours supplémen-
taires à Guéméné-sur-Scorff
en 1905.

DUPUIS, instituteur à Cléguérec
en 1906.

ETIENNE, directeur de l'École
des Quais, Lorient, en 1910.

GAILDRAUD, instituteur à
Bieuzy par Rivalain en 1910.

GALLUDEC, instituteur à La-
nester en 1910.

GRAPPIN, instituteur à Pontivy
en 1910.

HUBERT, inspecteur primaire
à Ploërmel en 1906.

JAVELOT, instituteur à Guer
en 1906.

LAREL, instituteur à Riantec
en 1910.

LE BRIEL, instituteur à Lorient en 1910.

LE CORRE (Adrien), instituteur
à Plouay en 1905.

LE DEAN, instituteur à Saint-
Caradec-Trégonel en 1910.

LE MAREC (Pierre-Yves), professeur au Lycée de Lorient
en 1897; libraire à Lorient
en 1910.

LE ROL (Charles-Louis), instituteur à Lorient en 1907.

LORIC, instituteur à Pontivy en
1906.

LUCAS, directeur d'École primaire à Lorient en 1906.

MAHÉ (Louis), instituteur à
Pontivy en 1906.

MIRABEL, instituteur à Baud
en 1910.

NICOLAS, commis d'inspection
d'Académie, Vannes, en 1906.

PENHOUET (François-Marie),
instituteur à Caudan en 1907.

PERRODO (Adolphe), instituteur à Le Bono en 1910.

PHILIPPOT, instituteur à Ké-
rentrech-Lorient en 1910.

PIRAUD (Alcide), instituteur à
Auray en 1906.

RANGER, instituteur à Muzillac
en 1910.

RENSON, directeur d'École primaire à Lorient en 1906.

ROBIC (Alexis), instituteur à
Auray en 1906; à Quistinic
en 1910.

ROUSSEAU (Julien), instituteur
à Bresch en 1910.

SOLLIEC, instituteur à Ploërmel
en 1910.

TUET (Jules), instituteur à Er-
deven en 1906, à Plouay en
1910.

NIÈVRE

Académie de Dijon

BOURDIER (Louis-Adolphe-
Léopold), commis d'insp.
académique de Nevers en 1908.

BOYENVAL (Théophile-Eugène)
professeur au Collège, à
Cosne, en 1901.

BRUNET, ancien professeur au
Lycée de Nevers en 1897.

DEMINUID, professeur au Lycée
de Nevers en 1892.

DEVAUGES (Denis-Léonard), instituteur adjoint à Nevers en 1899.

DURIEZ, chef de pratique horticole, École d'agriculture de Corbigny, en 1910.

LAVAULT, professeur d'anglais au Lycée de Nevers en 1900.

MARTIN (Pierre), instituteur à Nevers en 1899.

MAUNY, directeur d'École primaire supérieure à Château-Chinon en 1906.

PRET, ancien professeur au Lycée de Nevers en 1895.

THOMAS, ancien professeur au Lycée de Nevers en 1894.

NORD

Académie de Lille

BAILLIET (Constant - Henri - Jules - Ernest), répétiteur au Collège, à Cambrai, en 1895.

BEAUSSANT, professeur à l'École supérieure de Denain en 1906.

BERGET, professeur au Lycée, 2, place Jeanne-d'Arc, à Lille, en 1906 ; au Lycée de Saint-Denis (Réunion) en 1910.

BODELLE (Jules), instituteur à Hérin en 1900 ; directeur d'École primaire, 15, rue Gambetta, à Armentières, en 1910.

BONNEMAISON, instituteur au Cateau en 1910.

CAILLERET (Jules-Ph.-Joseph), instituteur à Armentières en 1899.

GAUDRELIER (Hurial), directeur d'École à Fives-Lille en 1880.

CHABAT (Emmanuel), professeur au Lycée, à Lille, en 1910.

COURTOIS, directeur d'École primaire à Hautmont en 1906.

DEBIERRE (Marie-Charles), professeur à la Faculté de Médecine de Lille, adjoint au maire en 1906 ; 1, place Cormontaigne en 1910.

DECARPENTRY (C.), secrétaire général de l'École des Beaux-Arts, à Lille, en 1903.

DEHAUT (Léon), répétiteur au Lycée, 14, rue de Lille, à Douai, en 1910.

DESPIQUE, professeur au Lycée de Valenciennes en 1910.

DHEILLY, professeur à l'École nationale d'Armentières en 1910.

DUQUESNE, instituteur, 14, rue des Processions, à Lille, en 1906.

EIDENSCHENK, professeur au Lycée, à Douai, en 1910.

FAIVRE, professeur au Collège à Armentières en 1906 ; au Collège à Dunkerque en 1910.

GANDRELIER, directeur d'école primaire, rue Cabanis, à Lille, en 1906.

GAUTHIER, conférencier à Ferrière-la-Grande, membre du Groupe fraternel de l'Enseignement du Nord en 1910.

GAUTIER, ex-instituteur, rue de Cassel, à Roubaix, en 1910.

GERNEZ, directeur de l'institution Turgot, rue Soubise, à Roubaix, en 1906.

JACOB, directeur d'Ecole; d'une L.·. de Lille en 1905.

JEAN, professeur au Lycée de Valenciennes en 1910.

LARMIGNAT, inspecteur primaire à Le Quesnoy en 1910.

LECLERCQ (Auguste), professeur à l'Ecole supérieure de Tourcoing en 1904.

LEFEBVRE, professeur d'histoire à Tourcoing en 1910.

LEFEBVRE (Charles), instituteur à Lille en 1883.

LEGRAND, directeur d'école à Vieux-Condé en 1910.

LESAGE (Paul), instituteur à Rejet-de-Beaulieu en 1906, à la Sentinelle en 1910.

LESNES (Aimé), directeur d'Ecole à Lille en 1879.

LÉVY-ULLMANN, professeur à la Faculté de Droit, 78 bis, rue Mercier, Lille, en 1907.

MARQUANT (Olga), instituteur, 84, rue du Faubourg-de-Douai, Lille, en 1909.

MATHIEU, instituteur à Feignies en 1910.

PORTOIS, instituteur, rue du Temple, à Cambrai, en 1906; à Proville en 1910.

RENAUDEAUX (Julien), professeur à l'Ecole nationale de Haubourdin en 1895.

ROULAN (Joseph), professeur à Fourmies.

ROUSSEAUX, professeur de philosophie (de la Loge de Cambrai) en 1900.

SAVARY (Louis), instituteur à Lille en 1901.

TONDELIER (Edouard), instituteur au Cateau en 1901; au Lycée de Valenciennes en 1910.

VALLIER, professeur de mathématiques au Lycée de Lille en 1910.

VARACHE (Fernand), professeur, 8, rue Pasteur, à Valenciennes, en 1906.

VAROQUAUX, professeur à l'Ecole nationale primaire, à Armentières, en 1906; Ecole normale à Douai en 1910.

VASSEUR (Jules), instituteur au Cateau en 1910.

OISE

Académie de Paris

ACHEZ, instituteur à Clermont, Ecole de la gare, en 1910.

BAUDON (Théodore), membre du Groupe fraternel de l'Enseignement de l'Oise, rue de Gesvres, à Beauvais, en 1910.

BIGOT (Léon-Marie-Louis), professeur d'histoire à Compiègne, en 1883.

BRILLE, instituteur à Laboissière en 1910.

CAZIER, instituteur à Auvers-sur-Oise en 1901.

CHARLET (Georges), instituteur à Bray-Rully, par Rully, en 1906; à La Chapelle-du-Gerberoy, par Songeons, en 1910.

CHARRUAULT (P.), délégué cantonal du Groupe fraternel de l'Enseignement de l'Oise, à Laboissière, en 1910.

5.

DELAFORGE, instituteur, à Saint-Aubin-en-Bray, par Chapelle-aux-Pots, en 1910.

DENIS, instituteur, 5, avenue Victor-Hugo, à Méru.

DESCROIX (Ed.), instituteur à Pouilly, par Fresnaux-Mont-Chevreuil, en 1906; à Mouchy-Saint-Eloi, par Nogent-sur-Oise, en 1910.

DEVILLERS (Georges), instituteur à Enencourt-le-Sec, par Chaumont, en 1910.

DUBUS (Hermin), instituteur à Marissel-Beauvais en 1906.

GRELEZ (Joseph), instituteur à Saint-Martin-le-Nœud, par Beauvais, en 1906; à Trie-Château en 1910.

GRENIER (F.), instituteur à Vauchelles, par Noyon, en 1910.

GRIEU (L.-A.), instituteur à Armancourt, par le Meux, en 1910.

HOUGUENAQUE, instituteur à Breteuil en 1906.

HUCHER, instituteur au Beluge, par Laboissière, en 1905; à Songeons en 1910.

HUCHER, instituteur Villers-Saint-Sépulcre en 1909.

LAMOUCHE, instituteur à Courcelles-les-Gisors, en 1910.

LANGLET, instituteur à Enencourt-le-Sec, par Chaumont, en 1910.

LEGRAND, instituteur à Le Crocq, par Breteuil, en 1910.

LENOIR, directeur de l'École Pellerin, à Beauvais, en 1910.

LEROUX, professeur départemental d'agriculture, 15, boulevard de la Gare, Beauvais, en 1910.

LOCQ (Arthur), instituteur à Compiègne en 1906; directeur d'école à Creil en 1910.

MANCHERON, instituteur à Creil en 1910.

MOUILBEAU (François), instituteur à Fresnau-Montchevreuil en 1910.

MULLIER, instituteur à Fitz-James, par Clermont, en 1910.

MULLOT, instituteur, 21, rue de la Préfecture, Beauvais, en 1910.

MUST, instituteur à Ivry-le-Temple en 1910.

PAILLARD, instituteur à Breuil-le-Vert en 1910.

PETITHORY (Emile), instituteur à Sainte-Geneviève en 1910.

PIROT (Auguste), instituteur à l'Orphelinat Prevost, à Cempuis, en 1905.

POIROT (Abel), professeur de gymnastique, 27, avenue Victor-Hugo, Beauvais, en 1910.

RENDU, instituteur, La Neuville Saint-Pierre, par Froissy, en 1910.

SAUVAGE (Eugène-Ernest), professeur au Collège de Noyon.

SCHMIDT (Jammy), publiciste, 47, rue de la Manufacture à Beauvais; président du Groupe fraternel de l'Enseignement dans l'Oise en 1910.

TOUSSAINT, instituteur à La Croix-Saint-Ouen en 1910.

VAN HEEMS, délégué cantonal du Groupe fraternel de l'Enseignement dans l'Oise, 21, boulevard Saint-André, à Beauvais, en 1910.

ORNE

Académie de Caen

CHAUVIÈRE, instituteur à Bretoncelle.

CHESNEAU (Charles), instituteur à Domfront en 1910.

DUBOIS (Georges), professeur au Lycée, 15 rue des Marcheries, Alençon, 1910.

DUGUÉ (Jean-Baptiste), instituteur à Ronay par Nécy en 1906; à Le Renouard en 1910.

GOUGET (Georges), instituteur à La Lande-sur-Eure en 1910.

GUILLOT (Théodore), professeur de dessin au Collège d'Argentan en 1900.

HERGAULT (Jean), instituteur à Saint-Clair-de-Halouze, par Saint-Bomer-les-Forges, en 1910.

HÉROUX (Alexandre) instituteur à Colonord par Nocé en 1910.

HUE (Louis), professeur au Lycée, 89, rue de la Barre, à Alençon, en 1910.

JEANNE (Vilfrid), instituteur, rue Lallemand, à Alençon, en 1910.

LEFEUVRE (Victor), instituteur à Messei en 1910.

MEUNIER (G.), instituteur à Condé-sur-Huisme en 1910

MOUSTIOU (Jean), professeur d'Ecole normale à Alençon en 1906.

MIARD (Hilaire-Alfred-Arthur), instituteur à Saint-Evroult, par Notre-Dame-du-Bois, en 1910.

ORLIANGES (Barthelémy-Désiré), instituteur à Tinchebray en 1896.

PELLUET (Henry), instituteur à Cahon, par Athis, en 1910.

PIEL, instituteur à Saint-Pierre-la-Rivière.

PIEL (Victor), instituteur à Avernes-Saint-Gourgon en 1910.

RAYMOND, professeur au Collège de Domfront en 1910.

ROUGEYRON, professeur au Collège de Domfront, en 1910.

RUTHON, professeur de physique et de chimie au Lycée d'Alençon en 1901.

PAS-DE-CALAIS

Académie de Lille

ACCART, instituteur public à Mareuil en 1905.

BEAUMONT (Joseph), instituteur à Arras, 3, rue du Saumon, en 1910.

BERNARD (César), instituteur Ecole Condorcet, à Lens, en 1906; Ecole Paul-Bert en 1910.

BOULET (Pierre), instituteur à Brébières en 1897.

BOURSIER (Louis), instituteur, 3, rue du Saumon, Arras, en 1910.

CATELAIN (François), instituteur à Hénin-Liétard en 1910.

CAUDROY (Henri) instituteur à Sapignies en 1910.

CLAVIEZ (Leante), instituteur à l'Ecole Colbert, à Lens, en 1907; à Sailly-des-Cols en 1910.

COLLOT, professeur à l'Ecole normale d'Arras; Président du groupe fraternel de l'Enseignement du Pas-de-Calais en 1910.

COUDROY (Henri), instituteur Ecole Paul-Bert, à Lens, en 1906.

COURBOIS, instituteur à Calais en 1906.

DELANNOY, instituteur à Lens en 1910.

DUCROCQ (Alexandre), instituteur à Biache-Saint-Vast en 1910.

DUMONT, professeur, Ecole primaire supérieure, Montreuil-sur-Mer, en 1910.

DUVAL, instituteur à Saint-Josse en 1910.

FARSY, Surveillant militaire à l'Ecole d'Agriculture de Berthonval.

FONTAINE (Pierre), instituteur, 4, rue Taisson, à Calais, en 1906.

GAQUIÈRE, instituteur à Belquin par Nielles en 1909; rue de l'Estram, à Calais, en 1910.

HEMBERT, instituteur à Boulogne-sur-Mer en 1906.

HENISSARD, instituteur Ecole Paul-Bert, à Liévin, en 1910.

HENRIOT (Ernest), économe à l'Ecole normale d'Arras en 1910.

HOLLIER (Henri), instituteur à Arras, rue des Ecoles, ne 1910.

LABY (Henri), Instituteur Ecole Condorcet, Lens, en 1910.

LARIVIÈRE, professeur Ecole primaire supérieure, Lens, en 1910.

LEBAS, professeur d'allemand à Calais en 1907.

LEBORGNE (Clément), instituteur à Billy-Berclau en 1910.

LEBORGNE (Cyr), instituteur à Lens en 1910.

LEDOUX (Léonce), instituteur à Saint-Laurent-Blangy en 1910.

LEGAY, instituteur à Lens en 1908.

LELIÈVRE (César), professeur en congé, Château de l'Etoile, Boulogne-sur-Mer, en 1892.

LEVÊQUE (Jules), instituteur à Arras, rue des Ecoles, en 1910.

LOUIS (Eugène), directeur d'Ecole primaire supérieure à Henien-Lietard.

MALBRANCHE (Gaston), instituteur, Ecole Condorcet, à Lens, en 1906; à Grenay en 1910.

MALPEAUX, directeur à l'Ecole pratique d'agriculture de Berthonval en 1905.

MARCOTTE (Joseph), instituteur à la Comté en 1910.

MONTREUILLE, (C.), instituteur à l'Ecole Condorcet, Lens, 1906; à Auchy-aux-Bois en 1910.

MOREAU (Jules), professeur à Arras.

NOYELLE (Charles-Henri-Joseph), instituteur, rue de Bruxelles, à Calais, en 1909.

PÉRONNE (Auguste), professeur d'agriculture à Berthonval en 1910.

PIERRONNE (Jules), instituteur à l'École Paul-Bert, Lens, en 1906; à Arleux-en-Gohelle en 1910.

PRUVOST, instituteur à Lens, en 1910.

ROSSIAUX (Alfred), instituteur à Vielle-Chapelle en 1906.

SENEZ, directeur à l'École primaire supérieure, Calais; en 1910.

THUILLIER (Achille), instituteur à Sain-Nicolas-lez-Arras, en 1907; à Achicourt en 1910.

TICOT, instituteur à Calais, en 1910.

VISCHERY, instituteur à Lens en 1910.

PUY-DE-DOME
Académie de Clermont

BLATIN (A.), professeur à l'École de Médecine de Clermont-Ferrand, ancien député de Paris, 42, rue Condorcet, en 1907.

BRUNET (Emile-Paul), professeur au Collège d'Ambert en 1908.

BRUYANT, professeur à l'École préparatoire de Médecine de Clermont-Ferrand, en 1906.

CATHALA, professeur à l'École normale de Clermont-Ferrand en 1907.

DAVID, instituteur, rue d'Ambert, à Clermont, en 1910.

DEPAILLER (Ferdinand), instituteur, 2, rue Sainte-Claire, Clermont-Ferrand, en 1910.

DESSERES (Valery), professeur à l'École d'enfants de troupe à Billom, en 1895.

EYMARD, instituteur (d'une Loge de Clermont-Ferrand en 1909).

FÉLIX, professeur au Lycée de Clermont-Ferrand, en 1910.

FROUNORD, professeur au Lycée, Clermont-Ferrand, en 1910.

GIRAUD, maître de conférences, Faculté des sciences de Clermont-Ferrand, en 1910.

GIROD, professeur à la Faculté de médecine de Clermont-Ferrand, en 1899.

GROSJEAN (Francisque), professeur à l'École primaire industrielle de Clermont-Ferrand en 1908; 32, cours Fauriel, à Saint-Etienne, en 1907.

GROSLET (Jean), directeur d'École à Maringues en 1906.

GUICHARD (Claude), conseiller municipal, professeur à la Faculté des sciences, Clermont-Ferrand en 1896.

LOISEAU, professeur à l'École normale de Clermont-Ferrand, en 1910.

MAITRE-JEAN, instituteur à Menat en 1907.

MALLY, docteur, professeur à l'École de médecine de Clermont-Ferrand en 1910.

MAZET, professeur à Thiers en 1898.

MENAT (Antoine), directeur à l'École professionnelle de Clermont-Ferrand en 1906.

MONNEYRON, d. C. C. de Billom en 1910.

PESCAYRÉ (Ferdinand), instituteur à Marsac en 1891.

PLANCHE, instituteur à Clermont-Ferrand en 1907.

RECHAT (Léon), médecin, ancien professeur à l'École professionnelle, 88, rue Saint-Genès, Clermont-Ferrand, en 1905.

TERRASSE, instituteur à Orsonnette, par le Breuil, en 1906.

VAURILLON, instituteur à Thiolières en 1910.

VENDEUGE (Aimé), instituteur à Nébouzat en 1910.

VENDEUGE (Jean), instituteur à Saint-Donat en 1908; à Aurières en 1910.

PYRÉNÉES (BASSES-)

Académie de Bordeaux

BELLOCQ, professeur à l'École primaire supérieure de Pau en 1910.

BESSET (François), professeur au Lycée de Pau en 1910.

CANDASSE, professeur à l'École supérieure de Paris en 1907.

CASTEX professeur d'agriculture à Lembeye en 1910.

CHALON (J.), instituteur à Hasparren, en 1900; d. C. C. Bedous en 1910.

DOLLE, professeur à l'École supérieure de Pau en 1910.

GRANGE, directeur d'École à Saint-Jean-Pied-de-Port en 1910.

SEMPE, directeur à l'École laïque de Pau en 1910.

PYRÉNÉES (HAUTES-)

Académie de Toulouse

BAGET, instituteur (de la L.·. de Tarbes en 1903).

LACOME, instituteur (de la L.·. de Tarbes en 1901).

LAGER, instituteur à Tarbes en 1906.

PYRÉNÉES-ORIENTALES

Académie de Montpellier

ARROUZÈS (Ralt.-Bern.-Emile), professeur au Collège de Perpignan en 1904.

DESBORDES (Jean-Baptiste), professeur à Perpignan en 1904.

DUPUY, professeur au Collège de Perpignan en 1910.

SALA (Jacques), professeur à l'École supérieure de Perpignan en 1910.

RHONE

Académie de Lyon

ALIX, directeur d'École primaire, 30, rue Smith, Lyon, en 1910.

ARTAUD, instituteur à Régnier en 1906.

AUBONNET, instituteur, 11, rue du Parfait-Silence, Lyon, en 1910.

AULION, instituteur, quai Fulchiron, Lyon, en 1906.

BACCOT, instituteur à Denicé en 1910.

BACHASSE, instituteur à Joux, par Trare, en 1910.

BADOR, directeur d'Ecole primaire, 119, rue Boileau, Lyon, en 1906; 65, rue Champonnay, en 1910.

BAILLARGEAT, professeur de gymnastique à Lyon en 1897.

BARBIER, professeur à la Faculté des sciences, quai Claude-Bernard, Lyon, en 1906.

BEAUMONT, commis d'inspection d'académie, 60, rue Champonnay, Lyon, en 1910

BEAUVISAGE (Georges-Eugène-Charles), sénateur, professeur agrégé d'histoire naturelle à la Faculté de médecine de Lyon, adjoint au maire; 15, rue Bouchardy, Lyon, en 1898.

BERNARD, instituteur à Létra, en 1910.

BERTHELIER, directeur d'Ecole primaire, Chemin des Culattes, 181, Lyon, en 1910.

BLANC, instituteur, rue Béchevelin, 25, Lyon, en 1910.

BLUM, président du Groupe fraternel de l'Enseignement du Rhône, agrégé de philosophie au Lycée, 2, place Saint-Jean, en 1905; 11, rue de la Charité, Lyon, en 1910.

BONNET, instituteur, cours Charlemagne, 33, Lyon, en 1910.

BORGEY, instituteur, rue Rivet, 4, Lyon, en 1910.

BOUDRA, directeur à l'Ecole d'horlogerie, 175, rue Duguesclin, Lyon, en 1910.

BOURDE, professeur à l'Ecole nationale des Beaux-Arts, place des Terreaux, Lyon, en 1906.

BOYER, instituteur à Tassin-Demi-Lune en 1910.

BREBANT, instituteur à Tarare en 1906.

BROCHET, instituteur à Chessyles-Mines en 1906.

BUISSON, professeur à l'Ecole pratique supérieure, Lyon, en 1907.

BURDIN, instituteur à Bron en 1906.

CAILLET, maître élémentaire au Lycée Ampère, Lyon, en 1906.

CANAUD, Ecole primaire supérieure, rue Champonnay, Lyon, en 1906.

CARRAZ, instituteur, rue Smith, 30, Lyon, en 1910.

CARRÉ, directeur d'Ecole primaire à Cours en 1910.

CARROUGEAU (Joseph), chef de travaux à l'Ecole vétérinaire, Lyon, en 1900.

CASEAUX, surveillant général au Lycée Ampère, Lyon, en 1906.

CHAILLER, instituteur, avenue des Ponts, Lyon, en 1906.

CHAMPALLE (Paul-Joanny), instituteur à Saint-Jean-La-Bussière, en 1906.

CHAMPIER, instituteur à Villechenève en 1906; à Cours en 1910.

CHARRION, instituteur à Sarcey, par Bully, en 1910.

CINQUIN, directeur d'Ecole primaire, rue de la Part-Dieu, Lyon, en 1910.

CLAVIER, répétiteur au Lycée, 32, rue Malesherbes, Lyon, en 1906.

COHENDY, professeur à la Faculté de droit, quai Claude-Bernard, Lyon, en 1906.

COMBIER, instituteur à Regnier en 1906.

COMMISSAIRE, directeur d'Ecole primaire, Chemin St-Victor-Montplaisir, Lyon, en 1906.

CONDEMINE, instituteur, rue Tissot, à Lyon, en 1906.

COPONAT, instituteur, rue Charles-Montoland, Lyon-Villeurbanne, en 1906.

CORNEMILLOT, instituteur à Saint-Sorlin, par Mornant, en 1906.

COURBIER, instituteur à Regnier en 1906.

DEBERNARD (Jean-Marie), instituteur à Pontcharra en 1898.

DEJEUX, directeur d'Ecole primaire à Cours en 1906 ; à La Demi-Lune en 1910.

DESRAISSES (Jean-Marie), directeur d'Ecole publique à Condrieu en 1901.

DESROCHE (Antonin), instituteur à Thizy en 1897.

DESRUES, instituteur à Saint-Rambert-Ile-Barbe en 1906 ; Chemin du Pont d'Alai, 78, Lyon, en 1910.

DEVILLE (Jules-Pierre), professeur départemental d'agriculture à Ecully en 1898.

DUMAS, directeur d'Ecole primaire, rue du Niobert, en 1906 ; rue de l'Ordre, 5, Lyon, en 1910.

DUMONTHAY (Jules-Auguste), professeur au petit Lycée de Saint-Rambert, Lyon, en 1887.

DUPERRAY, instituteur à Saint-Fous en 1907.

DURAND, directeur d'Ecole primaire à Saint-Vincent-de-Rheins en 1910.

FAURE (Alfred), ancien député, professeur à l'Ecole nationale vétérinaire, 11, rue d'Algérie, Lyon, en 1910.

FEUILLADE, professeur au Lycée, 29, rue de la Bourse, Lyon, en 1906.

FLAMAND, instituteur, rue de la Thibaudière, Lyon, en 1906.

FONTAINE (Léon-Guillaume), professeur de littérature à Lyon en 1903.

FONTRET, instituteur à Juliénas en 1910.

FRANCK (Fernand), professeur libre alors à Lyon en 1897.

GALLARD, instituteur au Groupe scolaire de la rue Smith, Lyon, en 1904.

GENIN, instituteur, place Morel, Lyon, en 1906.

GEORGIN, instituteur à l'Ecole d'agriculture d'Ecully, en 1910.

GÉRIN (Louis-Pierre), professeur au Conservatoire, 15, rue d'Algérie, Lyon, en 1885.

GIRAUDOT, directeur d'Ecole primaire, rue des Docks, Lyon, en 1906 ; 79, rue Bugeaud, en 1910.

GIROUX, directeur d'Ecole primaire à Amplepuis en 1904 ; à Villeurbanne en 1910.

GONDOUIN, professeur de musique au Conservatoire, avenue de Saxe, Lyon, en 1886.

GONNOT, professeur (d'une loge de Lyon en 1896).

GRUBER, professeur au Lycée, 74, rue Vendôme, Lyon, en 1906.

GUELIN, professeur au Lycée, avenue de Noailles, 26, Lyon, en 1910.

GUIGARDET (Basile), directeur de l'Ecole de tissage, 5, rue Imbert-Colonies, Lyon, en 1905.

HIBERT, instituteur à Lyon en 1908.

HUGENTOBLER, directeur à l'Institut des Sourds-Muets, 77 bis, rue Maisons-Neuves, Villeurbanne, en 1906.

HUGUENIN, répétiteur au Lycée, rue Molière, 14, Lyon, en 1910.

JEAIN, ex-professeur de piano au Conservatoire de Lyon ; compositeur en 1907.

JOSEPH, instituteur à Anse en 1906.

JOSSERAND, inspecteur primaire, rue Auguste-Comte, 33, Lyon, en 1910.

KLOTZ, instituteur à Oullins en 1906 ; Grande-Rue de Montplaisir, 170, Lyon, en 1910.

LACHANAL, instituteur à Quinlié en 1906.

LAFONTAINE, instituteur, 83, rue Bossuet, Lyon, en 1906 ; directeur à l'Institution des Sourds-Muets à Villeurbanne, 77, rue des Maisons-Neuves, en 1910.

LASNE, professeur à l'Ecole Lamartinière à Lyon en 1906.

LASSAGNE, instituteur, 25, rue Pierre-Corneille, Lyon, en 1906.

LECHÈRE, instituteur à Cours en 1906.

LEMASSON, instituteur, 3, Chemin du Quartier-Neuf, Lyon, en 1910.

LÉVY (Emmanuel), professeur à la Faculté de droit à Lyon en 1906.

MARMIER (Jules-Louis), ancien instituteur à Saint-Lambert-l'Ile-Barbe, Lyon, en 1901.

MATHIS, professeur à l'Ecole vétérinaire à Lyon-Vaise en 1906.

MAUGORPS, instituteur à Echallas, par Givors, en 1906.

MÉRIT, directeur d'Ecole primaire à La Mulatière en 1910.

MERLOT, professeur au Lycée de Lyon en 1906.

MISTER, professeur au Lycée Ampère, Lyon, en 1907.

MOMBON (Claude-Marie), instituteur à Lyon en 1903.

MONNET, instituteur à Saint-Julien en 1910.

MOULEY, professeur d'Ecole normale, rédacteur en chef de l'*Instruction Républicaine*, Lyon, en 1906.

MOUNET, instituteur à Neuville-sur-Saône en 1906.

MOUTHON, instituteur, rue Tissot, Lyon, en 1910.

NESMES (Benoît), directeur d'École primaire, quai de Bondy, Lyon, en 1906; rue Malesherbes en 1910.

PAGNOZ, directeur d'École primaire, rue Villeroi, Lyon, en 19.5.

PERRA, instituteur, Villeurbanne-Croix-Luizet, en 1906.

PERRACHON, directeur d'École primaire, quai Pierre-Seize, Lyon, en 1906; rue de l'Abbaye d'Ainag en 1910.

PICORNOT, instituteur, 2, rue Duroc, Lyon, en 1906; rue de la Pyramide, en 1910.

PORTE, professeur d'École primaire supérieure, Saint-Cyr-du-Mont-d'Or en 1906.

RANFING, instituteur, rue de la Thibaudière, Lyon, en 1906; chemin des Grandes-Terres, en 1910.

RECH, instituteur à Lyon, précédemment à Saint-Étienne, en 1908.

REQUIEN, instituteur à Amplepuis en 1910.

REVOLAT, instituteur à Charbonnieras en 1906.

ROCHELANDET, professeur d'école primaire supérieure, rue Champonnay, Lyon, en 1906.

SALAVIN (Jean-Marie), professeur de musique à Lyon en 1898.

SAPIN, instituteur, Chemin des Culattes, Lyon, en 1906; à Cogny en 1910.

SONNIER, instituteur à Saint-Fons en 1910.

SONNIER, directeur d'École primaire, Chemin des Grandes-Terres, Lyon, en 1910.

SUBIT (Joseph-Jérôme), professeur agrégé au Lycée, 2, place Morand, Lyon, en 1910.

SUCHET, instituteur, avenue des Ponts, Lyon, en 1906; avenue Berthelot, 23, en 1910.

SUDRY, instituteur à Valsonne en 1906.

TARLET, instituteur (de la Loge de Villefranche-sur-Saône), en 1907.

TELLIER, directeur d'École primaire à Neuville-sur-Saône, en 1906; à Saint-Fons en 1910.

THERMOZ, directeur d'École primaire à Champagne-du-Mont-d'Or en 1906.

THOMAS, professeur d'École primaire supérieure, place de Serin, Lyon, en 1906.

TRICHARD, instituteur, rue des Tables-Chaudaumes, Lyon, en 1906.

VAILLOT, instituteur à Caluire-Bissardon en 1910.

VERMARE (François), professeur d'enseignement primaire supérieur, conseiller général, 24, rue des Écoles, Oullins-la-Saulaie, Lyon, en 1910.

VERT (Léon), instituteur, anciennement à Givors en 1896.

VINCEY (Paul), professeur départemental d'agriculture du Rhône, 13, rue Malesherbes, Lyon, en 1884.

WEILL, professeur à la Faculté de médecine, Lyon, en 1906.

SAONE (HAUTE-)

Académie de Besançon

AUBRY (J.-Auguste-Félix), instituteur aux Armonts en 1899.

CHAPOUTOT (Alix), instituteur à Vesoul en 1903.

DAVAL (François-Xavier), professeur au Lycée de Vesoul en 1903.

GROSMAIRE (Léli), instituteur à Hurecourt en 1904.

HENNEQUIN (Louis), instituteur à Malbouhans en 1903.

MOSMAN, professeur au Lycée, à Vesoul, en 1910.

PERROT (Joseph), instituteur en retraite à Pin-l'Emagny.

RINGUELET (Delphin), instituteur à Cognières en 1904.

ROBERT, instituteur à Luze par Héricourt en 1910.

SERRE (C.-M.), professeur (de la I..'. de Vesoul en 1898).

UCHET (Paul), instituteur à Bonneville en 1898.

SAONE-&-LOIRE

Académie de Lyon

BACONNET (Pierre), instituteur à Trivy en 1895.

BERNARD, instituteur au Villars en 1910.

BLANCHARD, directeur d'Ecole primaire à Mâcon en 1910.

BOILLOT (Claude-Marie), instituteur à Demigny en 1895.

BOMEY (Félix), instituteur à Demigny en 1910.

BONIN (Alfred), instituteur, 3, rue Leschenault-de-la-Tour, à Chalon-sur-Saône, en 1909.

BONNOT (Paul), professeur de l'Ecole primaire supérieure, Montceau-les-Mines, en 1910.

BOUILLET, instituteur à Montceau-les-Mines en 1910.

CANARD, instituteur en Saône-et-Loire en 1903.

CHASSAGNETTE, directeur d'Ecole primaire à Montchanin-les-Mines en 1910.

CROTTE, professeur au Collège de Charolles en 1910.

DAMERON (Pierre), directeur de l'Ecole professionnelle de Cluny en 1895.

DARD, instituteur à Tournus en 1910.

DESMURGERS (Alexandre), instituteur à Colombier-en-Brionnais en 1895.

DUFOUX, instituteur à Barnay en 1910.

DURAND (J.), professeur au Collège de Tournus en 1910.

FLÉTY (Clément-Jean-François), directeur d'Ecole publique, conseiller d'arrondissement en 1906 ; instituteur honoraire, maire de Montchanin-les-Mines en 1910.

GALOPIN, instituteur à la Rippe-des-Monts, Romenay, en 1910.

GIRARD (Jean), instituteur à Saint-Nizier-sur-Charnoy en 1906 ; aux Bizots, par Moncenis, en 1910.

GORGEREAU, instituteur à Montceau-les-Mines en 1910.

GRAND, instituteur à Trivy en 1910.

GROS (Frédéric), professeur de musique à Chalon-sur-Saône en 1895.

GUILLEMIN (Pierre), instituteur à Savigny-Beaurepaire en 1895.

GUYON (Maurice), instituteur à Geanges en 1895.

HERMEY (Pierre), instituteur à Genouilly en 1910.

JACQUARD (Pierre), instituteur à Beauvernois en 1895.

JEANNIARD (Alexandre), instituteur à Saint-Gilles, par St-Léger-sur-Dheune, en 1907.

JOSSERAND (Franç.-J.-Désiré), inspecteur primaire à Charolles en 1906.

LAFOND (Joannès), instituteur à Givry en 1895.

LANDRIER (Antoine), professeur de gymnastique, Chalon-sur-Saône, en 1895.

LARDERY, directeur de l'École primaire La Lande, Montceau-les-Mines, en 1910.

LARDET (Etienne-Joseph-Marie), instituteur en retraite à Prissé en 1907.

LARUE, directeur d'École primaire à Pierre-de-Bresse en 1910.

LAURENT, professeur d'École primaire supérieure à Montceau-les-Mines en 1906.

MANGEMATIN, instituteur à Saint-Pantaléon par Autun en 1910.

MARINOT, instituteur à Suin en 1910.

MARTIN, instituteur à Saint-Clément près Mâcon en 1907.

MEULIEN, instituteur à Digoin en 1910.

MONNERET (Pierre), instituteur à Montagny-sur-Grosme en 1895.

MONTANGERAND (Jean-Baptiste), instituteur à Charette en 1895.

MORLAND (Amédée), directeur d'École primaire supérieure en 1906 ; directeur honoraire à Montceau-les-Mines en 1910.

PAILLARD (Edgar), directeur d'Ecole professionnelle à Chalon-sur-Saône en 1895.

PAYEBIEN, professeur d'École primaire supérieure à Montceau-les-Mines en 1906 ; à Mâcon en 1910.

PETITJEAN (Pierre), instituteur à Chapelle-sur-Dun en 1895.

PICARD (Claude), instituteur à Dezize en 1895.

POMEL (Jean-Baptiste), instituteur à Montceau-les-Mines en 1910.

POULLARD, directeur d'Ecole normale à Mâcon en 1910.

REMANDET (Claude), instituteur à Burzy en 1896.

RENAUDET, instituteur à Davayé en 1907.

REPIQUET (Jules), instituteur à St-Léger-sur-Dheune en 1910.

SAGNES, instituteur à Monceau-les-Mines en 1910.

SANGOUARD, instituteur à La Chapelle-du-Mont-de-France en 1907.

THÉVENOT, instituteur (de la L.·. de Tournus en 1898).

VANNEAU, instituteur à Romanèche en 1910.

VINCENT (Ernest), professeur à Tournus en 1892.

SARTHE

Académie de Caen

BUYSSCHER (De) (Henri-Ernest), maître d'escrime au Mans en 1896.

CHENEAU (Auguste), instituteur adjoint à La Chapelle-d'Aligné en 1906.

CHESNEAU (Adolphe), instituteur à Joué-l'Abbé en 1910.

CŒFFE, inspecteur primaire à La Mûre en 1910.

COLLET (Pierre), instituteur, 53, rue Puits-de-la-Chaine, Le Mans, en 1910.

DAVID (Raoul-Alfred-Louis), instituteur à Mamers.

DORON (Gaëtan), instituteur à Changé en 1910.

EMERY, directeur du cours complémentaire à La Ferté-Bernard en 1906.

EMERY (Léon), instituteur en retraite de l'Haisme, Le Mans, en 1910.

FROISSARD (Adolphe), instituteur, Ecole de l'Abattoir, 37, rue du Ballon, Le Mans, en 1910.

GANYAIRE (Cécilio-Casimir-Auguste), directeur de l'Ecole primaire supérieure à Aix-les-Bains.

GAUTIER (Adolphe), instituteur à le Bailleul en 1910.

JARRY (Ernest), instituteur à La Suze par le Mans en 1910.

LAVOIPIÈRE (Charles), inspecteur primaire honoraire, président du Groupe fraternel de l'Enseignement de la Sarthe, 159, rue Prémartine, Le Mans, en 1910.

LEBOSSE (Félix), inspecteur primaire à Saint-Calais en 1910.

LEBRUN, inspecteur primaire à Mamers en 1910.

LEPAGE (Auguste-Clément), ex-instituteur, ex-cafetier, à La Suze en 1908.

MAIROT (César-Adrien), inspecteur primaire au Mans en 1892.

MARTET (Etienne), Directeur Ecole supérieure, à Château-du-Loir en 1910.

MORCHOINE, instituteur à Mamers en 1910.

NARRAIS (Edmond), instituteur à Yoré-l'Evêque en 1910.

NOUET, instituteur, chemin de Saint-Pavace, le Mans, en 1910.

PICHON (Adolphe), professeur de musique, 30, route d'Isaac, le Mans, en 1907.

ROCHER (Pierre), instituteur à la Ferté-Bernard en 1910.

TORCHET (Joseph), instituteur à Voivres en 1910.

TORCHET, instituteur à Chau-
four par Coulans en 1906.

SAVOIE

Académie de Chambéry

BRICQ, professeur à l'Ecole des
Sourds-Muets à Cognin par
Chambéry en 1906.

BORGEY (Joseph-Marie), instituteur à Chambéry en 1909.

MORZIERE, répétiteur Prytanée
militaire de la Flèche, 10,
place de l'Hôtel-de-Ville, en
1910.

COLLOMBET, instituteur aux
Fourneaux, par Modane, en
1906.

COLLOMB (Barth.), instituteur
de la L.·. Alberville en 1909.

CURTET, instituteur à Saint-
Pierre-d'Entremont en 1906.

DUMOLLARD (Jean), directeur
à l'Ecole primaire supérieure
de Montmélian en 1906.

FARCY, directeur de l'Ecole
primaire supérieure de Chambéry en 1900.

FRANCOZ (Pierre-Laurent), instituteur, 63, place Saint-Léger,
à Chambéry, en 1904.

GAIDE (Julien), professeur à
l'Ecole supérieure de Chambéry en 1900.

GANIAYRE, directeur d'Ecole
primaire supérieure à Aix-les-
Bains en 1910.

GUILBERT (Fernand-Ernest-A.)
directeur de l'Ecole communale de Moutiers-Tarentaise.

MALAUSSÈNE (Pierre), instituteur à Albertville en 1895.

PAPET, instituteur à Cham-
. béry en 1906.

PASSOZ (Louis), instituteur à
Saint-Alban-Leysse en 1906.

PELLET, instituteur à Chambéry en 1906.

PINOT (Joseph), instituteur en
retraite à Saint-Genix-sur-
Guier en 1907.

POSSOZ, instituteur public (de
la Loge de Chambéry en
1899.)

POUCHON (Jules-Antoine) instituteur à Cognin en 1909.

POUPELLOZ, instituteur à
Cognin en 1906.

ROCHE, instituteur à Thoiry
en 1906.

ROCHET, instituteur à Chin-
drieux en 1906.

VERNER, instituteur à Saint-
Thibaud-de-Couz en 1903.

VIAL-COLLET (Joseph), instituteur à Saint - François - de -
Salle en 1907.

SAVOIE (HAUTE)

Académie de Chambéry

AUBRY (Michel), instituteur à
Evire en 1907.

BAILLY (César), instituteur à
Annemasse en 1906.

BERNARD (Eugène), profes-
seur au Lycée d'Annecy en
1906.

BLANC (Joseph), professeur
classe élémentaire Lycée
Berthollet, à Annecy, en 1906.

BOUCON (Hirman), professeur
au Lycée d'Annecy en 1903.

CHAMOT (Jean), instituteur aux Villards-sur-Thônes en 1906.

CHEVALIER (Jean), directeur du cours complémentaire à Bonne-sur-Menoge en 1906.

COCHET, instituteur à Annemasse en 1906.

COQUET (Etienne), instituteur à Annecy en 1908.

DEPLAT, inspecteur primaire à Annecy en 1906.

DERIPPE (Etienne), instituteur à Alby-sur-Chéran en 1908.

DUFOURD, instituteur (de la Loge de Cluses en 1908.)

DUNOYER (Joseph), instituteur à Taninges en 1906.

FRANÇAIS (Hirman), économe au Collège de Bonneville en 1906.

GALLET (Jean-Louis), instituteur à Féternes en 1906.

GAVE (Jules), intituteur à Lusinges, par Bonne, en 1906.

GERMAIN (Jean-Marie), instituteur à Thonon-les-Bains en 1908.

JOUVE (Casimir), inspecteur primaire à Annecy en 1908.

LARAVOIRE, instituteur à Mamigod par Thônes en 1906.

MARTIN, professeur au Lycée d'Annecy en 1906.

MATHIEU (L.), directeur d'Ecole normale (de la Loge de Cluses), en 1905.

MAULET (Louis), instituteur à Annecy en 1906.

MIÈVRE, instituteur à Marlens, par Saverges, en 1906.

MONOD, instituteur (de la L∴ d'Annecy en 1896.)

ROUSSELET, professeur de mathématiques au Lycée d'Annecy en 1901.

TOURNOUD, directeur d'Ecole (de la L∴ de Cluses en 1906.)

SEINE-ET-MARNE
Académie de Paris

AUBERGER (Georges), instituteur à Liverdy en 1910.

BASILE, professeur au collège de Melun en 1890.

BERRY, instituteur (de la L... de Melun) en 1903.

BOUDAN (Jules-Emile), professeur et receveur municipal de la ville de Melun : 26, boulevard Saint-Ambroise, Melun, en 1904.

BRU, instituteur à Vaux-le-Pénil, en 1910.

CAMBIER, directeur d'Ecole à Melun.

COLLIGNON (Edouard), instituteur à Contençon, par Montigny-Lencoup, en 1910.

COLLIGNON, instituteur, à Jouy-le-Châtel.

COMBIER, directeur d'école à Melun en 1906.

COUHAULT (Arthur), instituteur retraité, à Montigny-sur-Loing, en 1910.

DELAROUE (Eugène) professeur de philosophie au Collège, docteur en droit, 16, boulevard Gambetta ; maire de Melun en 1910.

DORBAIS (François-Amédée), instituteur en congé, à Provins en 1907.

DUQUESNE, instituteur, à Episy, par Moret-sur-Loing, en 1910.

FÉE, instituteur à Guignes-Rabutin en 1910.

GARNIER, professeur au Collège de Melun.

GARNIER (Emile), receveur municipal à Melun, membre du Groupe fraternel de l'Enseignement de Seine-et-Oise, en 1910.

HACCARD, instituteur à Dammartin-sur-Tigeaux en 1910.

HELY (Eugène), instituteur à Chauffry, par Rebais, en 1910.

LASSERAY, instituteur à Villers-en-Bière, en 1906 à Villiers-sous-Grez, en 1910.

LECLERT (Paul-Emile), instituteur à Meaux, en 1899.

LECLERT (Paul), instituteur à Vaux-sur-Colombes, par Crouy-sur-Ourques, en 1910.

LEHOUX, agent d'assurances, ex-instituteur à Melun, en 1910.

LEMIRE, instituteur à Saint-Mammès en 1910.

MEIGNEN, instituteur à Pontault-Combault en 1910.

NAUDIER (Zéphirin), instituteur à Gastins, par Nangis, en 1910.

PICARD (Ernest), instituteur à Chalautre-la-Petite, par Provins, en 1910.

PORTAIL (Eugène), instituteur à Recloses, par Ury, en 1910.

PREVOT P∴ instituteur à Rozoy-en-Brie.

SEINE-ET-OISE

Académie de Paris

AYMOND, instituteur à Ermont.

BARBERY, directeur d'école à Poissy en 1906.

BARBIER, directeur de l'école primaire, à Garches, en 1905.

BARBIER, instituteur à Chevannes, par Mennecy, en 1906.

BARBIER (Georges-Anatole), instituteur à Mainville, en 1900.

BARBIER, instituteur à Montlhéry en 1897.

BARBIER, instituteur à Vaux-sur-Seine, en 1907.

BARBIER (Camille), instituteur à Flins-sur-Seine en 1904.

BARREAU, instituteur à Saint-Cloud, en 1901.

BASCAN (L.), chef d'institution en 1909; directeur École primaire supérieure, à Rambouillet, en 1910.

BÉDÉ (Charles-Estelle), instituteur, 19, rue des Coches à Saint-Germain-en-Laye, en 1905.

BENARD, instituteur à Saint-Arnoult, en 1907.

BERTEAUX, vice-président de la Chambre des députés, 115, avenue des Champs-Elysées, à Paris; président du Groupe fraternel de l'Enseignement de Seine-et-Oise en 1910 (décédé).

BERTHON, instituteur à Moulin-Galant, par Essonnes, en, 1906.

BIDARD, instituteur à Breuillet en 1910.

BIRMANN, professeur d'allemand, 60, rue Alphonse-Pallu, Le Vésinet, en 1906.

BLAS, sous-officier d'artillerie Ecole spéciale militaire Maison Vassor, Saint-Cyr, en 1902.

BOISSY (Alix), instituteur à Livry en 1906

BOISSY (Alexandre), instituteur adjoint à Deuil en 1907.

BOUGEATRE, instituteur à Vitry-Châtillon, en 1904 et en 1910.

BOUGEATRE, instituteur à La Roche-Guyon, en 1904.

BOULAY, instituteur à Maurecourt par Andrésy, en 1910.

BOUTINOT, instituteur à Feucherolles en 1910.

BRABANT (Georges), professeur, 25, rue de Joigny, à Montmorency, en 1906.

BRIQUET (Alfred), instituteur à la Frette, en 1907.

BRUNET, instituteur à Ecouen, en 1889.

CACOUAULT (Lucien-Théodore), instituteur à Verneuil, en 1907.

CANTE (Georges), professeur à Auvers, en 1905.

CARON, instituteur, avenue des Tilleuls, à Saint-Leu-Taverny, en 1906.

CAVIALE (Vincent-Henri), directeur à l'Ecole Jules-Ferry à Versailles, en 1901.

CAZIER, instituteur à Houilles, en 1901.

CHAMPOMIER (Alexandre), instituteur à Draveil en 1907.

CHAMPOMIER, instituteur à Etampes, en 1901.

CHARLOT (Auguste), instituteur à Ennery, par Pontoise, en 1904.

CHESNEAU (Alix-Eugène), instituteur à Yerres, en 1907.

CLERGEON, instituteur à Bennecourt, par Bonnières, en 1910.

COLLET, instituteur, 40, rue d'Enghien, à Houilles.

COMTE (Marie-Camille-Charles), délégué cantonal, agrégé de l'Université, professeur au Lycée Hoche, 83, boulevard de la Reine, Versailles, en 1893.

COUANON (D.), directeur de l'Ecole préparatoire supérieure de Dourdan, en 1884.

CONNOIS (Ch.-Louis), instituteur à Jouy-en-Josas en 1909.

CRETE, instituteur à Noisy-le-Roi en 1901, à Maule en 1910.

CUIR, (Arsène-Félix), Inspecteur primaire, 131, rue du Faubourg de Roubaix, Lille, en 1899; en Seine-et-Oise en 1910.

DÉCARIS, instituteur, Les Fauvettes, Vernouillet, en 1906.

DELAPIERRE (Alcide), inspecteur primaire, maire de Chaville, en 1897.

DELUME instituteur à Flins-sur-Seine en 1903.

6

DELUME, ancien instituteur à Magnanville en 1903.

DENIS, instituteur retraité à Cormeilles-en-Parisis en 1905.

DENIS, maître d'école à Franconville.

DENONAIN, instituteur à Orgeval en 1906.

DESSAINT, instituteur à Congerville en 1906, à Nainville par Soisy-s.-École en 1910.

DEUDIN, instituteur à Port-Marly en 1906.

DORGEBRAY, instituteur à Auteuil, par Thoiry, en 1910.

DUMOUTIER, instituteur-adjoint à Montesson en 1886.

DURAND (Eugène), instituteur public, 85, rue Basse-École, à Pontoise, en 1908.

DUSSAUX (Edouard), instituteur, 9, rue Saint-Pierre, Rueil, en 1895.

DUVAL, directeur d'Ecole primaire, 6, quai Bourgoin, Corbeil, en 1906.

DUVAL (Léon), instituteur à Ville-d'Avray en 1906.

EGASSE (Léon), instituteur retraité à Percheville en 1908.

FESQUET (Léonce), économe Ecole normale de Versailles, en 1906.

FOSSE (fils), instituteur à Mantes en 1910.

FOURNIER (Jean-Claude), instituteur public à Corbeil en 1906.

FOURNIER, instituteur au Raincy, en 1899.

GAUTHE, instituteur à Méréville en 1906; directeur d'Ecole à Saint-Cloud-Montretout en 1910.

GÉRARD, instituteur asile Vaucluse.

GOUPILLON (Constantin), instituteur, rue de Garches, à Saint-Cloud, en 1907.

GUÉRIN-CATELAIN (E.), professeur, fondateur de la Société des Conférences populaires, Pavillon Henri IV, à Saint-Germain-en-Laye, en 1897.

GUIBERT (Henri-Désiré-Auguste), instituteur au Perray, en 1900.

HACCARD, instituteur à Goupillières en 1906.

HERVIER (Edgard), instituteur, 24, rue des Deux-Puits, à Sannois, en 1905.

HOBNEICHE (Benoit), professeur à l'Ecole Théoph.-Roussel, à Montesson, en 1909.

KEGREISZ, professeur à Garches en 1906.

KIPPEURT, instituteur au Bas-Meudon en 1904.

LABROUSSE, instituteur (de la Loge de Juvisy en 1908).

LAFONS, instituteur, École Edme-Fremy, à Versailles, en 1910.

LAMBERT (Julien), instituteur à Chanteloup par Andrésy, en 1906.

LAPLACE, instituteur à Egly en 1896; à Villejust par Palaiseau en 1910.

LARCHER, instituteur à Mareil-Marly, en 1910.

LECOMBLE (Emile), instituteur à Poigny en 1897.

LECONTE, instituteur à Villeneuve-le-Roi, par Ablon-sur-Seine, en 1906.

LECUYER, instituteur à Saint-Germain-les-Arpajon en 1910.

LEGENDRE (Georges-Hilaire), instituteur, place Carnot, à Argenteuil, en 1906.

LEGENDRE, instituteur au Raincy en 1899.

LEMAITRE (Arthur), professeur de mathématiques, 93, avenue du Chemin-de-Fer, au Raincy, en 1906.

MAGNIER, instituteur, 9, boulevrda des Peupliers, à Draveil, en 1907.

MANGANNE, directeur d'Ecole à Gonesse en 1910.

MAREUGE (Henri), directeur d'école publique, à Chaville, en 1910.

MAROUTEIX, instituteur à Houilles en 1905.

MAYEUR (Paul-Eugène), instituteur à Sannois en 1889.

MONSANGLANT, instituteur à Palaiseau en 1909 à Vaujours en 1910.

MUGNIER, instituteur, 2, boulevard des Peupliers, à Draveil, en 1907.

NICOLAI (Antoine), répétiteur au Collège, 72, rue de Pologne, à Saint-Germain-en-Laye, en 1907.

OBRY, directeur de l'Ecole communale de Neuilly-sur-Marne, en 1904.

OSSART, à Cormeilles-en-Vexin, en 1910.

PELLAT (Louis), directeur d'Ecole primaire à Bonnières-sur-Seine, en 1910.

PETEAU, instituteur à Jouy-le-Moutier en 1889.

PETEAU, directeur des Écoles à l'Isle-d'Adam, en 1895.

PETIGRAND, instituteur à Mauchamps en 1906.

PETIT (Ludovic-César), instituteur à Osmoy par Septeuil, puis à Ablon en 1898.

PETITGRAND, à Mauchamps par Chamarande, en 1910.

PEYRESBLANQUE, chef d'institution à Sannois, en 1895.

PLAS (Jean-Baptiste), instituteur à Neuilly-sur-Marne, en 1904.

PLISSON, directeur de l'École communale, à Poissy, en 1895.

PROUX, chef d'institution à Montlhéry.

QUIRIEL, professeur à Chaptal, 1, rue François-Laubœuf; à Chatou, en 1895.

RAMBERT, instituteur à Livry, en 1906.

RASSEL, instituteur à Houilles en 1905.

RAVENET, instituteur à Cerny en 1908.

RICHARD, instituteur à la Maison centrale de Poissy, en 1886.

ROGER, instituteur à Bougival en 1906.

ROSSIGNOL (Louis), instituteur public, à Saulx-les-Chartreux, en 1906.

ROUGET (Désiré), instituteur à Villennes en 1899,

ROUSSELLE, instituteur à Jouy-en-Josas en 1895.

SAUVAT, professeur de musique, Neuilly-Plaisance.

SAVEREAU, instituteur (de la Loge de Juvisy, en 1907).

SAVRY (Lucien), instituteur à Livry en 1908.

SIEVIRTH (Mathias-Alexandre), directeur d'école, à Chatou, en 1910.

SIMON (Ch.), directeur d'Ecole, à Palaiseau, en 1910.

SURGIS (E.), instituteur, rue de la Garenne, à Rambouillet, en 1910.

TAFFOUREAU (Arthur), directeur d'école, à Versailles en 1898.

THIERRY, instituteur à Auffreville, par Mantes, en 1903.

TURBIÉ, à Maulette, par Houdan, en 1910.

VALETTE (Etienne Phil. Albert), commandant au 128ᵉ d'infanterie, professeur de topographie à Saint-Cyr en 1898.

VATAN, à Limetz, en 1910.

VIDEIX (Paul), professeur de musique, à Enghien, en 1905.

VINCENT (René-Edmond), instituteur, Chemin de Bellevue, à Yères, en 1906.

WOIRIN (Onésime), aux Molières, par Limours, en 1910.

WATTIER (Elie), instituteur à Chaussy par Bray-et-Lû, en 1903.

ZIWES (Armand), instituteur à Bezons en 1908.

SEINE-INFÉRIEURE

Académie de Caen

AVISSE (Frédéric), instituteur à Bilhorel en 1900.

BARBE, directeur à l'Ecole primaire supérieure, rue Tournante, à Elbeuf, en 1906.

BASILLE (Henri), instituteur au Havre en 1899.

BOIVIN (Henri), instituteur au Havre en 1899.

BONDOIS, directeur à l'École primaire de Oissel en 1910.

BOULNOIS, directeur à l'École communale, 9, rue de l'Alavasse, à Rouen, en 1910.

BRIOIS, professeur au Lycée Corneille, 14 bis, rue Louis-Malliot, à Rouen, en 1910.

BUGUET, professeur de physique au Lycée de Rouen en 1889.

CAPRON, professeur à l'École des Manufactures d'Elbeuf en 1910.

CAYSSAC, professeur à l'Ecole primaire supérieure d'Elbeuf en 1910.

CHOQUEUX, instituteur à Boos en 1906:

COCU (Emile) instituteur (d'une L.·. du Havre en 1896).

DEGREMONT, instituteur à Fresquienne en 1910.

DUCHANTEAUX (A), instituteur à Sanvic en 1893.

DUPUY, préparateur au Lycée, 4, rue Marie-de-Beaumont, à Rouen, en 1906.

FALLOURD, professeur à l'École normale Rampe - Bouvreuil, à Rouen, en 1910.

FRÉRET, directeur d'École primaire à Ry en 1906 : à Pavilly en 1910.

GALOPIN (Louis), professeur à Duclair en 1892.

GAMBU (Évode-Rémy) instituteur à Blainville-Crevon en 1892.

GILLET, docteur en droit, professeur à l'École spéciale Militaire de Saint-Cyr en 1907.

GRAVIER, instituteur à Orival en 1906 ; à Caudebec-les-Elbeuf en 1910.

GRÉMONT (Léon), instituteur, 43, rue des Arts, à Rouen, en 1910.

GULLY, professeur de mathématiques (d'une L.·. de Rouen en 1895.)

HAUDUC, directeur d'École, rue du Tapis-Vert, à Elbeuf, en 1910.

HOLLEVILLE, instituteur à Amfreville-la-Mivoie en 1910.

HUBERT, instituteur (d'une L.·. de Rouen en 1904).

JACQUES, instituteur à Sotteville-sur-Mer en 1893.

LAPEYRE (Maurice-Louis), professeur de piano à Rouen en 1892.

LARCHEVÊQUE, instituteur (de la L.·. de Dieppe en 1906.)

LEDAN, directeur d'École communale, rue de Fleurus, au Havre, en 1893.

LEMORT, instituteur en retraite, rue du Bras-de-Fer, à Rouen, en 1910.

MAIRE (Adolphe), instituteur, 2 bis, rue Bernardin-de-Saint-Pierre, Le Havre, en 1904.

MARTEL, directeur d'École primaire supérieure à Elbeuf en 1906 ; rue Saint-Lô, à Rouen, en 1910.

MENAT, professeur à l'École normale, rue de Lille, à Rouen, en 1910.

MILLIOT (Paul-Félix), directeur de l'école Thomas-Corneille ; 60, route de Darnetal, à Rouen, en 1910.

MORISSE (Henri) instituteur à Rouen en 1903.

NOBLESSE, professeur d'Anglais au Lycée, rue Fontenelle, à Rouen, en 1906.

PHILIPPE, directeur de l'École Géricault, à Rouen, en 1910.

POISSANT, instituteur, 18, quai de Paris, à Rouen, en 1910.

ROBINEAU, professeur en retraite, rue de Rouen, à Rouen, en 1910.

SENTIS, instituteur à Cléon en 1906.

SUEUR (Hermann - Jean - Baptiste), instituteur, à Grèges en 1906.

TAQUET (Louis - François - Léopold), instituteur, à l'École de Janval, à Dieppe.

TIBURCE, instituteur à Ry en 1902 : au Mont-aux-Malades, près Rouen, en 1910.

TIRANT, directeur d'École primaire, 54, rue Auguste-Normand, au Havre, en 1910.

TOUSSAINT (Eugène), directeur de l'École Voltaire, imp-Chefdru, à Elbeuf, en 1910.

VITTECOQ, instituteur (d'une L∴ du Havre, en 1898.)

ZACHARIE, artiste peintre, professeur au Lycée, rue Lafosse, à Rouen, en 1910.

SÈVRES (DEUX-)

Académie de Poitiers

DABIN, instituteur à Fénery (de la L∴ de Parthenay).

FOUCAUD (Pierre), instituteur à Pas-de-Jeu, par Oiron, en 1906.

FRANDIN, professeur (de la Loge de Parthenay.)

JOUINOT, instituteur à la Peyratte (de la L∴ de Parthenay en 1894.)

MARTIN(D.), instituteur à Clessé (de la loge de Parthenay).

MICHEAU, instituteur à Sainte-Verge (Loge de Parthenay).

PATUREAU, instituteur à Largeau (un des fondateurs de la Loge de Parthenay.)

PILOT, instituteur à Saint-Laurent (fondateur et actionnaire de la Loge de Parthenay.)

SCHIMTT, instituteur à Parthenay (un des fondateurs de la Loge de Parthenay.)

SOMME

Académie de Lille

BERTIAU, professeur de Musique à l'École normale, 52, rue Thuillier, à Amiens.

BRUDENNE (Victor - Joseph - Léon), directeur d'École à Albert en 1904.

CANDILLON, professeur à l'École primaire supérieure (de la L∴ d'Amiens en 1898.)

DÉLÉZIMIER, directeur de l'École professionnelle à Friville-Escarbotin en 1895.

DIGNOCOURT (Louis-François), instituteur à Feuillères, par Péronne, en 1900.

FLET (Charles), professeur, 7, rue Enguerrand, à Amiens, en 1902.

LAJUS, professeur à l'École d'Agriculture du Paraclet, par Boves, 10, rue Caussin-de-Perceval, à Amiens, en 1905.

LEBIGAN (Paul), professeur d'agriculture à Amiens.

LEROY-DONNAT, professeur, 160, rue de la Hotoie, Amiens.

PHILIPPO, instituteur (de la Loge d'Amiens) en 1905.)

QUEVRON, instituteur à Vecquemont, par Daours, en 1906.

RABOUILLE, instituteur, rue Vulfran-Warmé, à Amiens, en 1904.

RÉCHAUSSAT (François - Eugène), instituteur en congé, à Saint-Ouen en 1897.

RÉMY (Claude), ex-professeur de philosophie à Péronne en 1895.

TARN

Académie de Toulouse

ANDREAU, professeur, rue Houles, à Mazamet, en 1903.

AUDRAN, professeur au Lycée, à Albi, en 1906.

BAREILHES, inspecteur primaire à Albi en 1906.

BOULARAN (Justin), maître-adjoint à l'Ecole normale d'Albi en 1885.

BOYER (Jacques), instituteur public à Castres en 1890.

BRINON, surveillant général au Collège, à Castres, en 1906.

BRUYÈRE, instituteur à Carmaux en 1906.

CADALEN, instituteur à Castres en 1906.

CAHUSAC, instituteur à l'Isle-sur-Tarn en 1906.

GARRIC (Charles), instituteur à Puygouzon par Albi en 1906.

GARRIGUES, directeur d'École primaire à Albi en 1906.

GIL (Prosper), instituteur à Marsac en 1893.

GRANIER, inspecteur primaire à Castres en 1906.

JAU, instituteur à Carmaux en 1906.

JULIEN, instituteur à Vabre en 1906.

LAFON, professeur d'allemand au Collège de Gaillac en 1906.

LANTERNIER, professeur de dessin au Lycée d'Albi en 1906.

LAROCHE, instituteur à Albi en 1906.

MASSON, répétiteur en congé à Albi en 1906.

MONTBAZENS (Camille), instituteur à Carmaux en 1885.

NÈGRE (Victor-Joseph-Yves), directeur de l'Ecole normale d'Albi en 1891.

NÈGRE (Justin), maître-adjoint à l'Ecole normale d'Albi en 1885.

PANISSET (Marie-Alphonse), professeur à l'Ecole normale d'Albi en 1900.

PECH, professeur au Collège à Castres en 1906.

POUX (Albert) professeur au Collège de Castres en 1906.

SEGUIER, professeur au Collège à Gaillac en 1906.

SOULIÉ (Frédéric), instituteur à Puicavel en 1897,

TOURNILLAC (Pierre), maître-adjoint à l'Ecole normale à Albi en 1885.

TROUCHE (Jean-François), instituteur au Ségur en 1885.

VILLADIEU (Paul), professeur au Lycée d'Albi en 1885.

TARN-ET-GARONNE
Académie de Toulouse

BARBE (Jean), maître-répétiteur à Montauban en 1893.

BEZOMBES (Jean), maître-répétiteur à Montauban en 1893.

BOUYSSET (Léon-Maurice), instituteur à Montauban en 1904.

CANOUET (Pierre-Jean-Antoine), instituteur, rue Poumel, à Moissac, en 1909.

CAPAGRAS, instituteur à Lalitte en 1908.

CAVALIÉ (Paul), maître-répétiteur à Montauban en 1893.

DESTAIX, instituteur à Mont-tauban-Villebourbon en 1904.

DEZOMBES (Jean), maître-répétiteur à Montauban en 1893.

LARROQUE (Jean-Marie-Phil.), maître-répétiteur au Lycée de Montauban en 1895.

POUZERGUES, instituteur à Labastide-de-Penne en 1908.

SOLOMIAC (Jean-Baptiste), instituteur à Saint-Loup en 1896.

TREILLON (Paul) instituteur à Lacourt-Saint-Pierre en 1903.

VERGNES Jean-Paul), professeur d'histoire à Montauban en 1901.

VAR

Académie d'Aix

BAIN, instituteur à la Seyne-sur-Mer en 1911.

BAZENANT, directeur École primaire à Bandol en 1906.

BLACAS, instituteur à Giens.

BLANC (Hubert) commis à l'Inspection académique, Draguignan, en 1910.

BONNAUD, instituteur à Seillons.

BONNET, instituteur à Hyères en 1910.

BRUN, instituteur au Mourillon, Toulon, en 1910.

BUILLES, directeur d'École primaire à Goufaron en 1906, aux Arcs en 1910.

CAYOL, instituteur à Saint-Roch, à Toulon, en 1910.

CAZES, instituteur à Hyères en 1910.

CHABERT, 33, cours Lafayette, à Toulon, en 1906.

CINTRAT (Georges), École d'horticulture en 1906 ; École agricole à Hyères en 1910.

CLAUDE, professeur au Lycée de Toulon en 1910.

COULET, instituteur à Saint-Maximin en 1906.

DILHAC (Philippe), inspecteur primaire, président du Groupe fraternel de l'Enseignement du Var, à Draguignan, en 1910.

DILHAC, instituteur École primaire supérieure à Bandol en 1910.

FAIVRE (Emile), directeur à École supérieure Rouvière, à Toulon, en 1907.

FONTÈS, professeur à l'École Rouvière, à Toulon, en 1906.

FOREL (Victor), instituteur à la Seyne-sur-Mer en 1910.

GAMAYRE, professeur d'École supérieure à Toulon en 1906.

GANIAYRE, directeur d'École supérieure à La Loupe en 1906.

GRAS (Léon), professeur à l'École Rouvière, 10, rue Gambetta, à Toulon, en 1906.

GUIEN, commis d'inspection d'Académie, à Draguignan, en 1906.

JAUBERT, (Joseph-Alexandre), ex-instituteur à Montmeyan en 1906.

LORGUES, professeur au Lycée de Toulon en 1910.

MARCEL, professeur à l'École Rouvière, à Toulon, en 1910.

MICHEL, instituteur au Mourillon, à Toulon, en 1910.

MIEL, directeur d'École à Saint-Zacharie en 1906.

NIEL, directeur d'École à Pignans en 1906.

NIEL instituteur à Saint-Roch, à Toulon, en 1910.

NIEL, (Odilon-Joseph), professeur à Draguignan en 1895.

PAEMELAIRE, répétiteur à l'École d'horticulture d'Hyères en 1910.

PAULET (Norbert), instituteur, rue Lamalgue à Mourillon, Toulon, en 1910.

PAULET (Hippolyte), instituteur, rue Jean-Aicard, à Toulon, en 1910.

PHILIBERT, directeur à l'École normale de Draguignan en 1906.

PIERRE, professeur à l'École supérieure de La Seyne-sur-Mer en 1910.

RANCUREL, professeur à l'École Rouvière de Toulon en 1910.

REILLE, instituteur, rue Marius-Touzet, à Saint-Jean-du-Var, en 1906; à Toulon en 1910.

REYNAT (J.-B.), inspecteur de l'enseignement primaire à Marvejols en 1906, puis à Brignoles.

RICHAUD, instituteur à La Londe-les-Maures en 1910.

SIGNORET. École avenue Lazare-Carnot, à Toulon, en 1906.

TOMBAREL, instituteur à Callas en 1910.

VERSE, École des Filles à Le Muy en 1906.

VAUCLUSE
Académie d'Aix

ALBAREL (Joseph) commis d'Inspection académique à Avignon en 1904.

BARBIER, instituteur à La Réorthe en 1906.

BŒUF (Jules), professeur à l'École professionnelle de l'Isle-sur Sorgue en 1896.

BOUCHE (Emile), instituteur à Carpentras en 1906.

FULCONIS (Louis - Pierre - Victor), professeur de dessin, 21, rue Limas, à Avignon, en 1906.

LECOQ (Jules-Alexandre-Charles), professeur, agrégé de l'Université publiciste, Monval-le-Moulin-Neuf, à Avignon, en 1905.

MICHEL, professeur (de la Loge d'Avignon en 1897.)

RAPARÉ (Martin-Félix), répétiteur général au Lycée, 55, rue de la République, à Avignon, en 1903.

RICARD (Léopold), instituteur, boulevard Saint-Ruf, à Avignon, en 1905.

VENDÉE
Académie de Poitiers

ARCADE (René), instituteur à Chavagnes - en - Paillers en 1906.

BARBIER, instituteur à Bessay par Mareuil-sur-Lay en 1910.

BERNY, instituteur, Ecole Petit, à la Roche-sur-Yon, en 1906.

BOISDÉ (Victor), directeur de l'Ecole primaire supérieure à Chantonnay, (de la I.'. de la Roche-sur-Yon en 1894.)

BOISSELEAU (Benjamin), instituteur à La Roche-sur-Yon en 1892.

BRANCARD, instituteur aux Lucs-sur-Boulogne en 1910.

CAILLON (Paul), professeur au Lycée de la Roche-sur-Yon en 1910.

CANQUETEAU (P.), instituteur à Mouilleron-le-Captif par La Roche-sur-Yon en 1910.

CHAPERON (Eugène), instituteur à Treize-Vents en 1892.

CHAPERON (Joseph), instituteur à Croix-de-Vie en 1910.

CLENET (Célestin), instituteur à La Forêt-Quéry, par Saint-Christophe-de-Ligneron, en 1906; à Saint-Urbain, par Beauvoir en 1910.

COZIC (Benjamin), instituteur à La Fradinière, par Saint-Hilaire-de-Riez, en 1906; à Menomblet, par Saint-Pierre-du-Chemin, en 1910.

DUGAS (Pierre), instituteur à Saint-Vincent-Sterlanges en 1892.

DUGAST (Pierre), instituteur à Chavagnes-les-Ridoux, par Pouzanges, en 1910.

FILLONNEAU (Volci), instituteur à Vix en 1910.

GIROUIN (Jules-Maurice), instituteur à La Chataigneraie en 1910.

GUEGEAIS (Cyprien), instituteur à la Bretonnière en 1892.

GUILBAUD, instituteur à Saint-Gemme-la-Plaine en 1906.

GUILLET (Auguste), instituteur à Saint-Jean-de-Mouts en 1910.

GUILLET (Jules), instituteur à L'Epine-Noirmoutier en 1892.

GUIMARD (Léon), instituteur à Sallertaine en 1906; à Mareuil-sur-Lay en 1910.

HALLOCHET (Vincent), professeur au Collège à Luçon en 1910.

JACOB (Louis), instituteur à Notre-Dame-de-Riez, par Saint-Hilaire-de-Riez, en 1910.

JOUFFELOT, instituteur aux Clouzeaux, par la Roche-sur-Yon, en 1906.

LOUBE, instituteur à la Folie, par Chaize-le-Vicomte, en 1906; à Nesnay, près la Roche, en 1910.

LOUINEAU (Eugène), instituteur à la Jonchère-de-Monchamps en 1906; à Chaix, par Fontenay, en 1910.

MAINGUENAUD (Arthur), instituteur-adjoint à Mouilleron-en-Pareds en 1892.

MARTIN (Henri), professeur d'allemand à la Roche-sur-Yon en 1892.

MONTAL, directeur de l'Ecole normale supérieure de Mortagne-sur-Sèvre en 1906.

MORNET (Louis), instituteur à Landes-Genusson en 1896.

NASSIVET, instituteur à la Claye par Bretonnière en 1910.

PÉAUD, instituteur à l'École Brianceau à la-Roche-sur-Yon en 1906.

PÉPIN (Jean), instituteur à La-Roche-du-Bon-Père en 1906; à Maillé, par Maillezais, en 1910.

PETIT (Adrien), instituteur à La-Roche-sur-Yon en 1910.

PETIT (Clément), instituteur à Beauvoir-sur-Mer en 1892.

PIGEAUD, instituteur à Jard en 1910.

PUAUD, instituteur à La Roche-sur-Yon en 1906.

RENAUD (Hubert), instituteur à Breuil-Barret en 1904.

ROMIEU (Paul), instituteur à Saint-Michel-Mont-Mercure, Vendée.

SOUPAULT (Louis), instituteur à la Flocellière en 1906; aux Sables-d'Olonne en 1910.

TÉTAUD (Alphonse-Henri), instituteur à Vairé en 1897.

THIBAULT, répétiteur général au Lycée à La-Roche-sur-Yon en 1892.

VEILLET (Alphonse) instituteur à Azéré, par Bénet, en 1910.

VIENNE

Académie de Poitiers

ANDOUIN, instituteur à Saint-Genest-d'Ambière en 1910.

AUCLERC (Gabriel), instituteur à Charrais par Neuville en 1910.

AUCLERC (Gaston), instituteur à Vernon par La Villedieu en 1910.

AUDINET, instituteur à Châtellerault en 1910.

BAHUAU, instituteur à Chalandray en 1910.

BARTHE (Jean), maître-répétiteur à Poitiers en 1887.

BASSEREAU, instituteur à Poitiers en 1910.

BAUDET, instituteur à Belle fonds, par Bonneuil-Matours, en 1910.

BESSE, professeur au Collège de Civray en 1910.

BOIVIN, économe au Lycée de Poitiers en 1910.

BOUCHET, instituteur à Poitiers en 1910.

BOURAND (Aser-Aug.-Léonidas), instituteur à Poitiers en 1898.

BOUREAU, instituteur à La Chapelle-Montreuil en 1910.

CACHIER, instituteur à Poitiers en 1910.

CHAPRON, instituteur à Massognes en 1907, à Saint-Cyr près Poitiers en 1910.

CHAPRON, instituteur à Cenon en 1910.

CHARENTON, instituteur à Bonneuil-Matours en 1910.

CHOISY (Marcel-Paul), instituteur à Targé, par Châtellerault, président du Groupe fraternel de l'Enseignement de la Vienne en 1910.

CHOUARD (Vincent), instituteur à Doussay par Lencloître en 1910.

DEBENEST, instituteur à Senillé par Châtellerault en 1907.

DUPONT, instituteur à Latillé en 1910.

ECLAIRCY, instituteur à Le Vigeaut en 1910.

FOLOREILLE, instituteur à Lencloître en 1910.

FORGERIT, instituteur à Charoux en 1907.

FROMENTEAU, instituteur à Moussac en 1907.

FUMERON, instituteur à Buxerolles, près Poitiers, en 1910.

GAUTIER, instituteur à Arçay en 1907, à Montmorillon en 1910.

GUILLON, instituteur à Le Bouchet en 1910.

GUITON, instituteur à Saint-Sauveur, par Châtellerault, en 1907; en retraite à Poitiers en 1910.

GUITTEAU (Louis), professeur à l'École de Médecine, 35, place du Calvaire, à Poitiers, en 1910.

JOUBERT (Sylvain), instituteur à Martaizé en 1899.

LAFOND, instituteur à Lavoux en 1910.

LAGORCE, répétiteur au Lycée de Poitiers en 1907.

LANGLOIS (Émile-Joseph), instituteur à Chauvigny en 1905.

LAURENT, principal du Collège de Civray en 1910.

LEVRAULT, professeur à l'École normale de Poitiers en 1907.

MAGNAN, instituteur à Chapelle-Baton, par Charroux, en 1910.

MERCIER, instituteur à Savigny-Levescault en 1910.

MÉTAYER, instituteur à Saint-Macoux en 1907, à Poitiers en 1910.

MEUNIER, instituteur à Cernay par Lencloître en 1907, à Poitiers en 1910.

MIRONNEAU, instituteur à La Roche-Posay en 1906.

MOREAU, instituteur à Archigny par Montreuil-Bonnin en 1910.

PERRAULT, instituteur à Guesnes en 1907; à Vezières, par Beuxes, en 1910.

PICHON, instituteur à La Chapelle-Moulinière en 1910.

PIGEAU, instituteur à Saint-Saviol en 1907, à Availles-Limousine en 1910.

POTHET (Auguste), instituteur à Archigny en 1905.

PRISSET, instituteur à Saint-Georges-les-Baillargeaux en 1910.

SALLES, instituteur à Joussé en 1907, à Saint-Saviol en 1910.

SELMES, com. de la Faculté de Poitiers en 1910.

SIMONET, professeur au Lycée, 56, rue de la Tranchée, à Poitiers, en 1910.

SOURITON, instituteur à Smarves par Ligugé en 1910.

SURREAU, instituteur à Saint-Savin-sur-Gartempe en 1910.

SZUMLANSKI (Stanislas), chef d'institution, 1, rue du Moulin-à-Vent, à Poitiers, en 1901.

TELLIER, instituteur à Fontaine-le-Comte en 1910.

THIMONNIER, instituteur à Poitiers en 1910.

TOUTEAU (Pierre), instituteur à Vouillé-les-Marais en 1892.

TROUVE, instituteur à Châtellerault en 1910.

VALLADE, instituteur, 8, rue Aigueperse, à Limoges, en 1907.

VOISIN, instituteur à Dienné en 1910.

VIENNE (HAUTE-)
Académie de Poitiers

AURIAT, instituteur à Saint-Junien en 1910.

BLANCHET, instituteur à Beynac en 1910.

CHAMBON (Léonard), instituteur à Saint-Junien en 1908.

CLAVAUD (Armand), instituteur à Feytiat en 1907.

CLIDIÈRE (Elie), instituteur, rue Chinchauvaud, Limoges, en 1907.

CLIDIÈRE (jeune), instituteur à Saint-Pardoux en 1907.

DEYMOND, instituteur au Vigen en 1910.

DUGOT (André-François), instituteur à Saint-Léonard en 1909.

DURIS (Louis), instituteur à Solignac en 1907.

FAUCHER, instituteur à Châteauneuf en 1910.

FAURE (Léon), instituteur à Chalus en 1907.

FAURE (Hippolyte), instituteur, avenue du Pont-Neuf, en 1907; rue Pasteur, à Limoges, en 1910.

FOURNEAU (Léonard), instituteur à Aix-sur-Vienne en 1907.

GAVET (Pierre), instituteur, rue Georges-Bonin, Limoges, en 1907.

GRANET (Jean), instituteur, rue Montesquieu, en 1907; 24, avenue du Pont-Neuf, Limoges, en 1910.

GRENIER, instituteur, 17, rue Gustave-Nadaud, Limoges, en 1907.

ISSARTE, professeur à l'École de Commerce, avenue de la Révolution, Limoges, en 1910.

JABET, instituteur, 17, rue Gustave-Nadaud, Limoges, en 1907.

LACLOTRE, instituteur à Champnetéry en 1910.

LEFRANC, inspecteur primaire à Saint-Yrieix en 1910.

LOMONT, inspecteur primaire à Limoges en 1903.

MAYERAS (François), instituteur à Aix-sur-Vienne en 1908.

MEUNIER, instituteur à Vayres en 1907.

MOULINIER, instituteur à St-Yrieix en 1907.

MOURIER (André), instituteur, route de Bellac, Limoges, en 1910.

PEYRAT (Pierre), instituteur à Saint-Léonard en 1907.

PEYRETOUT, instituteur à Chateauneuf en 1910.

ROCHE (Léon), instituteur à Saint-Prieste-Taurion en 1907; à Roussac en 1910.

ROCHE, instituteur à Masléon en 1907.

SARANDY (François), instituteur à Magnac-Bourg en 1907.

TEXIER, instituteur à Saint-Denis-des-Murs en 1907.

VALLADE, instituteur, 8, rue Aigueperse, Limoges, en 1910.

VOSGES

Académie de Nancy

DILHAN (Siméon), professeur au Collège à Remiremont en 1906.

FINELLE (Ernest), professeur à Remiremont en 1892.

FLEURENT, député des Vosges, docteur ès-sciences, professeur à l'Ecole des Arts-et-Métiers de Paris en 1905.

FOISON (Jean-Antoine), professeur au Collège à Bruyères-en-Vosges en 1903.

GADEL, instituteur à Belleville, par Chatenois, en 1906; à Trampot, par Grand, en 1910.

GÉHIN (Marcel), instituteur à Monthureux-sur-Saône en 1906.

GODOT, directeur d'Ecole primaire à Remiremont en 1906.

GRIVEL (Albert), professeur au Collège à Remiremont en 1906.

GUILLAUME, instituteur au Meix, Rupt-sur-Moselle, en 1906.

GUYARD (Prosper-Jules-Eusèbe-Lucien), professeur au Collège, 17, quai Pastourelle, Saint-Dié, en 1907.

HERBELOT, professeur au Collège d'Epinal en 1907.

JAMBEL (Charles), instituteur à Trougemont-Basse-sur-le-Rupt en 1906.

JEANDIN, économe du Collège d'Epinal en 1890.

JUET (Ernest), professeur au Collège d'Epinal en 1900.

MARÉCHAL, directeur d'Ecole normale à Mirecourt en 1910.

NOEL, inspecteur primaire à Epinal en 1890.

RICHARD (Théodule-Augustin), professeur d'agriculture à St-Dié en 1905.

RICHARD (Charles), instituteur Syndicat-Saint-Aimé en 1906.

STOLL (Georges), instituteur à Lepanges-Rupt en 1906.

VANNEY (Nicolas), instituteur à Remiremont en 1906.

VUILLAUME J.-B.), instituteur à Crébimont en 1906.

YONNE

Académie de Dijon

ACCAULT (Auguste), instituteur à Serbonnes en 1903.

BASSET (Eugène-Joseph), professeur, directeur de l'Ecole annexe, rue des Rosoirs, Auxerre, en 1903.

BILLON (Auguste), instituteur à Sommeraise en 1903.

BOÉ (Maximilien-Jean-Jacques), ex-inspecteur primaire, 11, ruelle des Charmes, Sens, en 1893.

BOYARD (Alfred), ancien instituteur (de la L.·. d'Avallon en 1906.)

BOUDEVILLE Claude-Edmond), répétiteur à Sens en 1908.

BOUSSELIER, instituteur public (de la L.·. de Sens en 1901).

BOYARD, professeur à Avallon en 1907.

BONNEROT (Ernest-Léon), instituteur à Pacy-sur-Armançon en 1905.

DROMIGNY, instituteur (de la L.·. de Sens en 1900).

GAGNÉ (Désiré), instituteur à Cerisey en 1905.

GAUTHIER, instituteur à Sens en 1910.

HIVERT (Jules), instituteur public à Marsangy en 1902.

LAYÉ (Désiré), professeur d'horticulture à La Brosse en 1886.

LESPAGNOL, instituteur à Coulours, par Cerisiers, en 1909.

LOURY (Henri), professeur à l'Ecole normale, à Auxerre, en 1903.

MALAQUIN (Louis-Théodule), instituteur à Charny en 1903.

MANIN (Paul-Ambroise), instituteur à Voisines en 1903.

MARTELOT (Eugène), instituteur à Essert, par Vermenton, en 1903.

MARTIN (Louis-Charles), professeur, 4, boulevard Vaulabelle, Auxerre, en 1903.

MICHELERNE (Adolphe), instituteur à Bœurs-en-Othe en 1905.

MOREAU (Alexandre), instituteur à Champlay en 1903.

PERDIJON (Jules-Léon), instituteur, 2, rue des Religieuses, Joigny, en 1903.

PERRIGNON (Auguste), instituteur à Véron en 1905.

PETIT (Théodore), professeur d'agriculture, 7 bis, rue des Lombards, Auxerre, en 1903.

ROGNON (Constant), instituteur à La Postolle en 1905.

THIERRY (Emile), directeur de la Ferme-école à La Brosse en 1886.

VACHER, instituteur, conseiller d'arrondissement, Fleury, en 1903.

VARACHE, directeur d'Ecole primaire supérieure à Saint-Fargeau en 1910.

ALGÉRIE ET TUNISIE

Académie d'Alger

ALBOU (Salomon), professeur au Collège, 6, rue d'Armandy, Bône, en 1906; au Lycée Ben Akoun, Alger, en 1910.

ALIX, directeur à l'Ecole Franco-Arabe, Le Kief, en 1910.

ALLOUCHE (David), instituteur d'Ecole, rue d'Orléans, Bône, en 1910.

ARTAUD, professeur à l'Ecole professionnelle Emile-Loubet, Tunis, en 1910.

ATTANÉ (Hilaire-Philémon), instituteur à Aïn Témouchent.

AURBACHER (Joseph), instituteur à Tozeur (Tunisie) en 1907.

AURES (Paul), instituteur au Collège Alaouï, à Tunis, en 1906.

BAIXE, instituteur, place Sidi-Djellis, Constantine, en 1906.

BARBE (Henri), professeur de langues vivantes au Collège de Philippeville en 1902.

BAUDAINE, professeur d'arabe, rue Bou Chenak, Tunis, en 1910.

BENDJELID (Mohammed), instituteur à Mostaganem en 1909.

BENOS (Auguste), professeur à l'Ecole primaire supérieure, route de Sétif, Constantine, en 1906.

BERNAUDEAU, directeur d'Ecole primaire à Gabès en 1906; à Nabeul en 1910.

BERTIN, directeur d'Ecole à Mehdia en 1910.

BILLON (Joanny-Alphonse), instituteur au Kef en 1906.

BLACHE (Louis), instituteur, 6, rue Prosper-Dubourg, Bône, en 1906; à Casablanca, Maroc, en 1910.

BLAIZE, professeur à l'Ecole de médecine d'Alger en 1900.

BOCQUET, instituteur à Orléansville en 1897.

BOUCHE, instituteur à l'Ecole franco-arabe à Bizerte en 1910.

BOUNHIOL (Jean), docteur en médecine, chargé de cours à la Faculté des sciences, 7, rue Michelet, Alger, en 1910.

BOUTELLIER, instituteur à l'Ecole de la rue de Trieste, Bizerte, en 1910.

BORDEL, professeur d'Ecole primaire supérieure à Bizerte en 1910.

BOUISSET, instituteur à Tabarca en 1910.

BOURDETTES (Jean-Marie), répétiteur au Lycée d'Oran en 1902.

BRINDEAU (Auguste), instituteur, rue Bamrémont, Constantine, en 1906.

BRULE, instituteur au Collège Alaouï, à Tunis, en 1906.

CANDILLE, directeur d'école primaire à Tala en 1906.

CARDEILLAC (Ernest-Théophile-J.), répétiteur au Lycée d'Alger en 1902.

CARRAUD, instituteur, 33, rue Bab El Khadra, Tunis, en 1910.

CARIOU (Corentin), instituteur à La Ménadia, Bône, en 1906.

CASTAN, instituteur, 11, boulevard Gambetta, Alger, en 1897.

CASTEX (Simon), professeur au Collège à Philippeville en 1906.

CAT (Edouard), professeur agrégé d'histoire à l'Ecole supérieure d'Alger en 1900.

CHAPOTOT, instituteur à Durand-ville, près de Bizerte, en 1910.

CHAUFFIN, chef de bureau, directeur général de l'enseignement à Tunis en 1910.

CHAZEAUBENEIX (François-Paul-Victor), instituteur à Bône en 1906.

CLAVERIE (Célestin), maître répétiteur à Ben-Aknoun, en 1903.

COLIN (Gabriel), docteur en médecine, professeur d'arabe, à Alger 1, rue Kœchlin, Alger, en 1910.

COMES, instituteur, de la Loge de Philippeville en 1907.

COQUAUD (Henri), instituteur à Alger en 1910.

COMMUNAUX, membre de la Conférence consultative à Tunis en 1910.

CORDEIL, professeur au Lycée Carnot, à Tunis, en 1906.

COUDERT (Jean-Auguste), directeur d'Ecole à Mouzaïaville en 1904.

COUDRAY (Albert-Marie), professeur au Collège à Philippeville en 1902.

COULOT (Joseph), instituteur, route de Bugeaud, Bône, en 1906.

COUTRERAS, instituteur à Tlemcen en 1907.

DANIEL (Louis), professeur à Oran en 1892.

DANSARD, professeur au Collège à Philippeville en 1906.

DELARUE, instituteur, de la L.·. d'Oran en 1905.

DELGUEIL, instituteur à Blidah en 1906; 27, rue Caussanille, Alger, en 1910.

DEMONTÈS, professeur à Alger en 1903.

DEROUET (Just-Emile), instituteur à Alger en 1908.

DEVOTI (Jules-Alexandre), répétiteur général au Lycée, 8, rue Desmoyens, Constantine, en 1906.

DOUS (Pierre), directeur d'Ecole, Biskra (Algérie), en 1909.

DUCAS, directeur d'Ecole primaire, rue Bab-el-Kadra, en 1906; économe à l'Ecole professionnelle Emile-Loubet, à Tunis, en 1910.

DUFAU, répétiteur au Lycée d'Alger en 1897.

DUFAU, directeur d'Ecole primaire, Tlemcen, en 1907.

DUPORT, instituteur à Zaknoum, par Fort-National, en 1908; à Taka, en 1910.

DURAND (Louis), instituteur à Miliana en 1899.

DURAND, professeur au Collège de Tlemcen en 1907.

FABRE, instituteur, rue Dupuch, Alger, en 1910.

FABRE (Antoine-Justin), instituteur à Alger en 1907.

FAMELART, président du Groupe fraternel de l'Enseignement de la Tunisie, professeur d'arabe, rue de l'Hiver; 2, impasse Abid, Tunis, en 1910.

FARGES, professeur à l'Ecole d'agriculture de Philippeville en 1910.

FATAH (Ben-Brahim), instituteur à Alger en 1894.

FÉMINIER (Gustave), instituteur, 16, rue de Rovigo, en 1906.

FERRAN (Casimir), instituteur à Rlâa, par Mekla, en 1901.

FEUILLÉE, professeur au Lycée d'Alger en 1887.

FICHET, professeur de dessin au Collège Alaoui, à Tunis, en 1910.

FOLLACI (Dominique-Jean), professeur d'escrime à Bône en 1907.

FONTANILLES (Séverin-Jean-François), directeur de l'École publique de la rue du Beylick, à Mascara, en 1903.

FORMARIER (Désiré), instituteur, 18, rue Voltaire, Mustapha, en 1907.

FUSTER (Dᵣ), professeur à la Faculté de Médecine d'Alger en 1910.

GAIGNANT, secrétaire à l'inspection d'académie à Alger en 1910.

GARDIE, directeur à l'École arabe-française à Nedroma en 1907.

GAREZ (Pierre), instituteur à Souk et Tenin, par Oued Marsa, en 1907; place Sidi-Djellis, Constantine, en 1910.

GASMI (Salah-Mahommed-ben-Larbi), instituteur à Lambèse (Algérie), en 1908.

GERMAIN, professeur, rue d'Arles, Tunis, en 1910.

GENESTOUX, instituteur, Tadderth ou Fellah, Fort-National, en 1897.

GENET (Jean-Louis), instituteur à Bône en 1904.

GEORGES, instituteur, Icheriden, Fort-National, en 1906.

GINESTET (Julien-Charles-Casimir-Ed.), instituteur à Blida en 1907; École primaire supérieure à Bizerte en 1910.

GOUAILLE (Narcisse-Eugène), instituteur à Oran en 1905.

GOURLIAU (Ernest), professeur au Lycée, 5, rue Négrier, Constantine, en 1906.

GOUSSE (Armand), directeur d'École primaire à Saint-Cyprien, Tunisie, en 1906.

GROSS (Léonard), professeur d'École normale, rue Rivière, Constantine, en 1906.

GUENDOUZ, instituteur à l'École arabe-française, rue Montpensier, Alger, en 1910.

GUILLON (Marcel-Maurice), instituteur à Bône en 1908.

GUILLOU, instituteur, La Vigie, Saint-Eugène, en 1901.

GUINTRAND, répétiteur au Lycée d'Alger en 1897.

HILST (Louis), professeur au Collège de Bône en 1891.

HIVERT (Léon-Elisée), instituteur public à Palikao (Algérie) en 1909.

HUMBERT (Ernest), professeur d'École primaire supérieure, rue Rivière, Constantine, en 1906.

JANIN (Basile), directeur d'École, Agrile, par Azazga, en 1901.

JAY, directeur d'École primaire à Gafsa en 1906; rue Khereddine, Sousse, en 1910.

JONQUET (André-Léon), instituteur à Constantine.

JOURDA, instituteur, Djelfa-Médéa, Alger, en 1906.

JOUVE (Casimir), inspecteur primaire, place Alexis-Lambert, Bône, en 1906.

KALAFAT, professeur au Lycée, 13, rue Rivière, Constantine, en 1906.

KOUADI (Khider), instituteur à El-Arrouch, département de Constantine, en 1910.

LABAN (Etienne), instituteur à Riff, commune mixte d'Oued-Marsa, en 1907; aux Ouled-Saïda, par Ighil-Ali, Constantine, en 1910.

LABASSI, instituteur à Kalâa-Kebira, Tunisie, en 1910.

LACOUX, professeur d'arabe, Ecole Jules-Ferry, à Tunis, en 1910.

LACORRE, directeur de l'Ecole de Bijouville, à Bizerte, en 1910.

LACROIX (Louis), professeur à l'Ecole primaire supérieure, rue Nationale, à Constantine, en 1906.

LAGET, professeur au Lycée d'Alger en 1907.

LANDEROIN (Séraphin), directeur d'Ecole à Bizerte en 1910.

LANNOY (G.-E.), professeur au Lycée d'Alger en 1899.

LARRIBÈRE-PIOLAT (Pierre), instituteur à Sidi-Bel-Abbès en 1904.

LARRIEU (Paul), professeur à Philippeville en 1906.

LAUTARD, professeur au Lycée de Constantine en 1906.

LEFEBVRE (Paul-Joseph), secrétaire d'inspection académique, 50, rue de France, à Constantine, en 1897.

LION (Jacques), instituteur à Alger en 1902.

LOCHE, directeur de l'Ecole primaire à Djédéïda en 1906.

MAIGE (Louis-Albert), professeur aux Ecoles supérieures, à Alger, en 1909.

MAILHES, directeur d'Ecole au Hama, à Alger, en 1910.

MAILHES (Joseph), directeur d'Ecole à Mustapha, suspendu en 1907.

MAILLET (Henri), directeur d'Ecole à Taka par Michelet en 1901.

MANIERES (Guillaume-Aug.), instituteur à Lamoricière en 1902.

MARCLY (Jérôme), instituteur, rue Guignard, à Constantine, en 1906.

MARTIN, directeur de l'Internat de garçons, à Tunis, en 1910.

MATHIEU, directeur de l'Ecole primaire supérieure, à Bizerte, en 1910.

MARTY (Léandre-Antoine), surveillant général au Lycée, à Constantine, en 1903.

MAZELIER, secrétaire de l'Economat au Lycée d'Alger en 1910.

MEIJDOUB (Ben Khalafa), professeur à Constantine en 1905.

MERCIER, professeur au Collège de Tlemcen en 1907.

METCHE, directeur de l'Ecole arabe française, à Tlemcen, en 1907.

MEYER (Frédéric), professeur à Philippeville en 1906.

MEYER (Frédéric), professeur d'agriculture au Collège de Bône en 1910.

MOEBS (Emile-Michel), professeur de musique à Alger en 1900.

MOLBERT, directeur de l'Ecole de l'Alba en 1897.

MONNET (Hermile), professeur au Lycée d'Alger en 1901.

MONTASSIER (Louis-Pierre), directeur d'Ecole à Djerba en 1907.

MOUGIN (Emile), instituteur, avenue Gaudillot, à Alger, en 1901.

MUSELY (Jérôme), instituteur, rue Cuignard, à Constantine, en 1906.

NAJAC, instituteur à Menzel-Temime, Tunisie, en 1910.

NAKACHE (Isaac), instituteur à Bône en 1907.

NOEL, instituteur à Kalâa-Djerda, Tunisie, en 1910.

NULLET, instituteur à Bordy-ben-Arririaz en 1907.

OLIVA, professeur-adjoint au Lycée d'Oran en 1909 ; avocat, Villa Marie-Cécile-Eckmühl, en 1910.

PAJOT (Alfred), instituteur, 1, rue de la Boudjimah, à Bône, en 1910.

PANTEL, instituteur, Champ de manœuvres, à Mustapha, en 1897.

PAQUES (Jean-Marie-Daniel), instituteur à l'Ecole indigène de Biskra en 1907.

PAULIN, directeur d'Ecole primaire, rue Bab-Souïka, en 1906 ; directeur de l'Ecole professionnelle Emile-Loubet, à Tunis, en 1910.

PERETTI (Joseph), instituteur à Alger.

PERNET, instituteur, impasse de la Révolution, à Alger, en 1897.

PERRIÈRES (Gabriel-Antoine-J.-M.), maître-répétiteur à Oran en 1902.

PIÉTRI (Marcelin-F.-A.-Jean), répétiteur au Collège d'Alger en 1902.

POUGET (Laurent-Isidore), chargé de cours aux Ecoles supérieures, à Alger, en 1908.

PRADIER, professeur, 5, rue de Russie, à Tunis, en 1910.

PRADOURAT, instituteur, 33, rue Bab-el-Khadra, à Tunis, en 1910.

PRUDHON (Hipp.), professeur au Lycée de Constantine en 1893.

QUILICI (Ange-Pierre), instituteur à Tlemcen en 1902.

RAMBAULT, instituteur à Zaghouan en 1910.

RAIMBAULT (Paul), instituteur, faubourg d'El-Kantara, à Constantine, en 1906.

RENARD, professeur à l'Ecole normale de Bouzaréa en 1897.

RENAUX (Henri), professeur au Lycée de Bône en 1891.

REUILLARD, professeur au Collège de Philippeville en 1907.

RICOUX, professeur au Lycée, 65, rue Nationale, à Constantine, en 1906.

RIVOLLET, directeur de l'Ecole primaire supérieure, à Sfax, an 1908.

ROBBAZ (Joseph), directeur d'Ecole publique à Alger en 1905.

ROBERT, instituteur à Ouled-Fayet en 1897.

ROUX (Jacques), professeur au Collège, à Mostaganem, en 1907.

SALINI (François), instituteur, Ecole de la Colonne-Randon, à Bône, en 1906.

SALVAN, professeur au Lycée, à Alger, en 1897.

SANSONNETTI (Ant.-Dominique), instituteur à Bal-el-Oued en 1902.

SERRE, inspecteur primaire, 19, rue Henri-Martin, à Alger, en 1897.

SERVAS, instituteur, 10, rue Mesmer, à Bône, en 1897.

SORBIER (Jules), professeur au Collège ; président du Groupe fraternel de l'Enseignement de la province de Constantine, 2, rue Fréart, à Bône, en 1910.

STODEL (Maurice), instituteur, faubourg Saint-Jean, à Constantine, en 1906.

TAJAN (Léonce-Raymond-Marius), directeur de l'Ecole primaire d'indigènes, à Bône, en 1908.

THÉOCRITE, professeur, rue de Metz, à Sidi-bel-Abbès, en 1897.

TRIBAUT, directeur de l'Ecole Marengo, à Alger, en 1910.

THOMAS, directeur d'Ecole primaire. 31, rue d'Italie, à Tunis, en 1910.

TOMASINI, instituteur, 28, boulevard Bab-Djedid, à Tunis, en 1910.

TOUBIANA (Ruben), instituteur, rue Sauzay, à Constantine, en 1906.

UTEZA (Louis-J.-B.), directeur d'Ecole publique à Batna.

VALLET, professeur de l'Ecole primaire supérieure, à Sousse, en 1910.

VIEUX (Martin), instituteur à Tocqueville en 1906.

VIGNON, professeur au Lycée, à Constantine, en 1906.

VUICHARD, directeur d'Ecole à Tizi-Ouzou en 1897.

COLONIES

AUBER (Léon-Léopold), instituteur à Trois-Bassins, Réunion, en 1907.

BAUX, professeur au Lycée à Saint-Denis en 1900.

BEAUVAIS (Louis), instituteur à Tananarive en 1906.

BERGET (Adrien), professeur au Lycée de Lille (Nord) en 1906; au Lycée de Saint-Denis, La Réunion, en 1910.

BLANQUIÈRE (Henri), professeur à Saïgon en 1905.

BOSSARD (Jean-Baptiste), instituteur de l'enseignement primaire à Saint-Denis de la Réunion en 1903.

BRÉTA (François-Félix), répétiteur au Lycée Carnot, à la Pointe-à-Pitre, en 1904. 7.

CANAVAGGIO, attaché à la direction de l'Instruction publique à Saïgon en 1906.

CARRERE, professeur principal à Saïgon en 1907.

CHABBERT (Marius), instituteur à Tananarive en 1906.

CHEVOLOT, instituteur laïque à Papeete (Tahiti) en 1905.

COUCELLE (Etienne), directeur de l'Ecole laïque française à Kindia, Guinée, en 1906.

COURCELLE, instituteur-directeur de l'Ecole de Porto-Novo, Dahomey, en 1907.

COURTET (Jean-Marie), instituteur à Mytho, Cochinchine, en 1905.

CROS (Ulysse), instituteur à Kayes, Soudan français, en 1906.

CUVELIER (Laurent), instituteur au Port (Réunion) en 1907.

DANDOUAN (André), instituteur à Tananarive en 1906.

DANGER (Gaston), professeur à Mytho, Cochinchine, en 1904.

DELALE, inspecteur primaire, chef du service de l'instruction publique à Pondichéry, en 1907.

DESLANDES (Aimé), professeur de dessin à Fort-de-France en 1905.

DEVAUX, inspecteur primaire à Tananarive en 1906.

DONZÉ (Ernest), professeur au Lycée Carnot, à la Pointe-à-Pitre, en 1901.

DUVAL (Victor), directeur de l'Ecole laïque, à Saint-Louis du Sénégal, en 1901.

FERDINAND (Rolland), instituteur à Saint-Denis, Réunion, en 1907.

FEUILLARD (Romain-Emmanuel), directeur d'Ecole publique, à la Basse-Terre, La Guadeloupe, en 1908.

FORESTAL (Louis-Octave-Marcellin), instituteur à La Pointe-à-Pitre en 1907.

GARRIGUES (Alexandre), professeur au Collège des fils de chefs et d'interprètes à Saint-Louis, Sénégal, en 1902.

GATAULT (Gaston), instituteur à Analalava, Madagascar, en 1906.

GERVAISE (Joseph-Alex.-Gabriel), directeur d'Ecole à Morne-à-l'Eau, La Guadeloupe, en 1905.

GIRAUD (Paul-Emile), professeur au Lycée Carnot, à la Pointe-à-Pitre, en 1905.

HOAREAU (Cœlius), instituteur au Port-Réunion en 1907.

IVERNAUD (Pierre), instituteur à Tananarive en 1906.

LANDEROIN (Joseph), instituteur à Majunga en 1906.

LAVEDAN, professeur de 2e classe, directeur de l'Ecole primaire des garçons, Haïphong, en 1903.

LENCLUR (Emile), instituteur à Analalava (Madagascar) en 1906.

LAVENTURE (Eudoxe-J.M.E.), instituteur à la Basse-Terre en 1902.

LÉO (Zéphirin-H.-E.-Lucius), professeur au Lycée de la Martinique, Saint-Pierre, en 1901.

LLECH, instituteur à Tananarive en 1908.

LUREL (Emmanuel-Victorien), instituteur aux Vieux-Habitants, La Guadeloupe, en 1907.

MARDAT, professeur (de la Loge de Pointe-à-Pitre) en 1905.

MARTIN, instituteur dans la Marne, puis à Vydah (Dahomey) en 1910.

MATIS (Marie-Ignace-Léon), instituteur à Sainte-Rose, Basse-Terre, en 1904.

MEHEUST, inspecteur primaire à Tananarive en 1908.

MERCIER-BEAUNÉ (Théodore-Marie-Xavier), professeur, 35, boulevard Bonnard, Saïgon, en 1906.

MICHEL (Henri-Raoul-Maximilien), directeur du Cours normal, à la Basse-Terre, en 1905.

MONIER (Emile), instituteur à Diégo-Suarès en 1906.

MOYNAC (Prosper-Antonin-Charles), censeur au Lycée Carnot, à la Pointe-à-Pitre, en 1905.

MUS (Cyprien), professeur à l'Ecole normale de Bourges en 1906 ; directeur de l'Ecole normale à Hanoï (Tonkin) en 1910.

NIENAT (Henri-Cl.-Théodore), instituteur à Dakar en 1907.

PALANT (Jules), professeur au Lycée de Saint-Denis, La Réunion, en 1909.

POURCEL (Calixte), instituteur à Kayes en 1906.

RIOU (Jean-Louis), instituteur à Tananarive en 1906.

ROSIER (Emile), instituteur à St-Denis (Réunion) en 1907.

ROSIER (Marie-Ambroise-Gérard), professeur de langues vivantes au Lycée Carnot, 35, rue de Nozières, à la Pointe-à-Pitre, en 1902.

SOUPTÈS, professeur à l'Ecole primaire supérieure de Papeete (Tahiti) en 1905.

TESSONNIÈRE (Louis), instituteur à Kayes en 1906.

VANDOMMELE (Raoul), instituteur à Saint-Benoît (Réunion) en 1907.

VERNOCHET (Léon), inspecteur primaire à Kayes (Soudan) en 1906.

ÉTRANGER

BAGLIOLINI (Eurialo), avocat, professeur de droit international à Milan en 1908.

BÉTIS (Victor), instituteur à Richmond-Surrey en 1896.

BOUVIER (Aimé), directeur de l'Enseignement primaire et professionnel, 61, rue du Rhône, à Genève, en 1905.

FIEDLER, professeur au gymnase, à Marburg (Allemagne) en 1906.

LAFOND (Luther), professeur au Collège royal de l'île Maurice, à Curepipe, en 1905.

PERRIER (Antoine-François), directeur d'Ecole à Tanger (Maroc) en 1909.

ROUSSEAU (Vital), professeur au Japon en 1888.

VALENCE (Emile-Louis-Sosth.) ancien maître de gymnastique au Lycée de la Pointe-à-Pitre, à Colon (Colombie), en 1909.

88

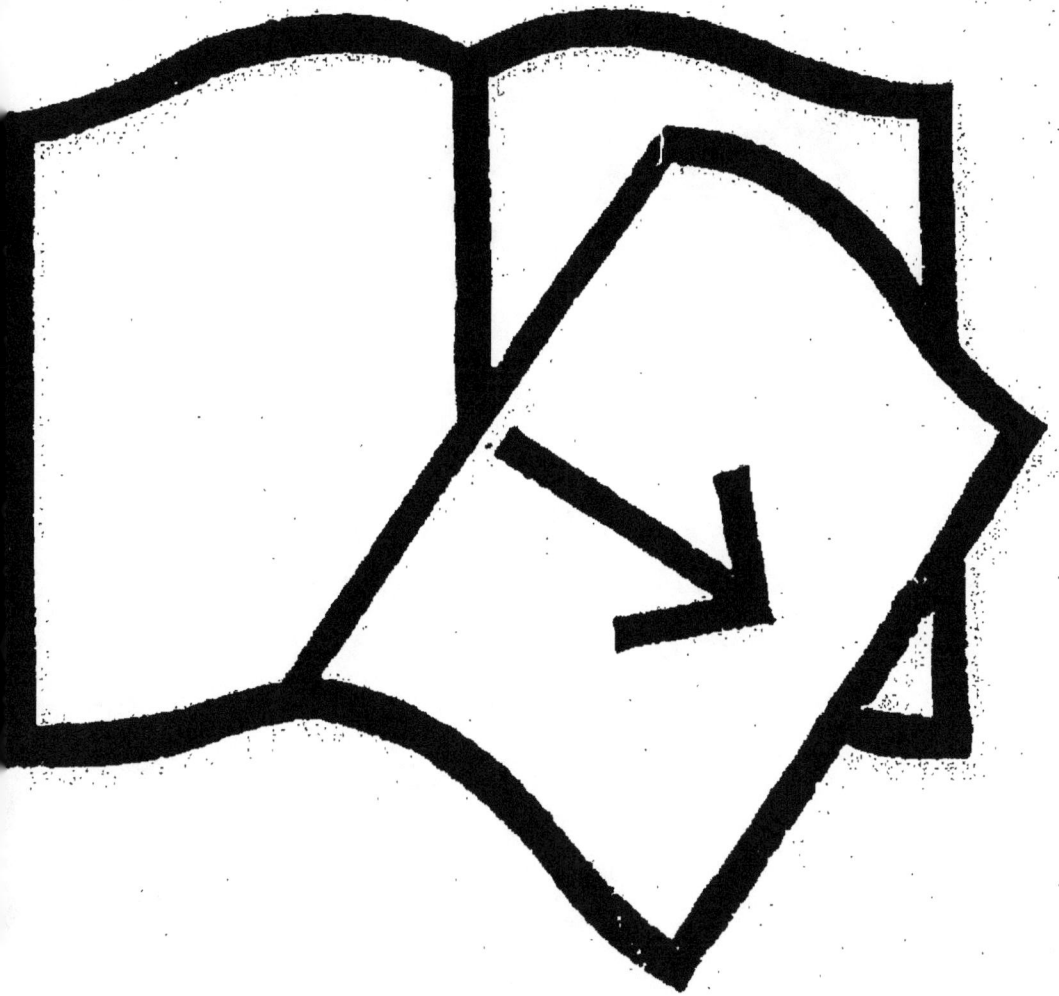

Documents manquants (pages, cahiers...)
NF Z 43-120-13

www.ingramcontent.com/pod-product-compliance
Lightning Source LLC
Chambersburg PA
CBHW071813090426
42737CB00012B/2061